国家示范性高等职业院校课程改革教材

Gaosu Gonglu Jiankong Shebei Caozuo Shiwu

高速公路监控设备操作实务

赵 竹 陈 瑜 主编
李冬陵 主审

人民交通出版社

内 容 提 要

本书为国家示范性高等职业院校课程改革教材。全书紧贴交通部的职业资格认证中的"公路监控设备操作工"相关内容,结合高速公路监控岗位和维护岗位的职业技能要求,通过项目式教学的思维模式编写而成。本书内容包括:收费监控设备的操作,图形监控软件的操作,信息发布设备的操作,设备故障维护与保养。

本书可作为高职院校交通安全与智能控制专业及其相近专业的教材,亦可供高速公路运营管理人员及相关技术人员参考使用。

图书在版编目(CIP)数据

高速公路监控设备操作实务/赵竹,陈瑜主编.--
北京:人民交通出版社,2011.2
国家示范性高等职业院校课程改革教材
ISBN 978-7-114-08827-8

Ⅰ.①高⋯ Ⅱ.①赵⋯ ②陈⋯ Ⅲ.①高速公路—监控设备—高等学校:技术学校—教材 Ⅳ.①U491.1

中国版本图书馆 CIP 数据核字(2011)第 016907 号

国家示范性高等职业院校课程改革教材

书　　名:	高速公路监控设备操作实务
著 作 者:	赵　竹　陈　瑜
责任编辑:	黎小东
出版发行:	人民交通出版社
地　　址:	(100011) 北京市朝阳区安定门外外馆斜街 3 号
网　　址:	http://www.ccpress.com.cn
销售电话:	(010) 59757973
总 经 销:	人民交通出版社发行部
经　　销:	各地新华书店
印　　刷:	北京市密东印刷有限公司
开　　本:	787 × 1092　1/16
印　　张:	7
字　　数:	158 千
版　　次:	2011 年 2 月　第 1 版
印　　次:	2013 年 1 月　第 2 次印刷
书　　号:	ISBN 978-7-114-08827-8
定　　价:	20.00 元

(有印刷、装订质量问题的图书由本社负责调换)

国家示范性高等职业院校课程改革教材
编审委员会

主　任：王章华

副主任：孔七一

委　员：王　林　　陈曙红　　彭富强　　阳小良

　　　　王定祥　　李柏林　　邹　敏　　罗　勇

　　　　颜楚华　　胡光辉　　任振林

序　言

我院在长期的办学实践中，不断深化职业教育教学改革，先后与80多家大中型企业开展合作办学，探索出了"订单"培养、"秋去春回、工学交替"等人才培养模式，毕业生深受用人单位的欢迎，实现了学校、企业、学生等"多赢"。在校企合作中，我们深刻体会到，要真正实现"技能训练与岗位要求对接、培养目标与用人标准对接"，就必须有一套适合"订单"教学的工学结合的教材，于是就有了与企业技术骨干一起编写教材之愿望，随后几年，各种讲义便呼之欲出。

教育部《关于全面提高高等职业教育教学质量的若干意见》中指出："高等职业院校要积极与行业企业合作开发课程，根据技术领域和职业岗位（群）的任职要求，参照相关的职业资格标准，改革课程体系和教学内容。""与行业企业共同开发紧密结合生产实际的实训教材，并确保优质教材进课堂。"2007年，我院被正式列为第二批国家示范性高等职业院校建设单位，开发"工学结合特色教材"作为国家示范重要建设项目，被郑重地写入了建设任务书。

三年来，各教材主要撰写人带领教学团队成员，深入"订单"企业调研，广泛听取企业、学生、职教专家等多方人士意见，并结合国外先进的职教经验，遵循基于工作过程导向的课程开发理念，夙兴夜寐，多易其稿，进一步丰富了原讲义的内容，并付诸教学实践。正是有了各专业教学团队的辛勤耕耘，这套工学结合的系列教材才得以顺利付梓。在这里，我要道三声感谢：感谢国家示范建设项目的实施给我们提供了千载难逢的参与机会，感谢各位领导、省内外职教专家的悉心指导，感谢各位老师、主要撰稿人为之付出的劳动。

诚然，由于我们课程开发的理论功底不深，深入实践的时间有限，教材中错误也在所难免。正如著名职教专家姜大源在国家示范性高等职业院校建设课程开发案例汇编《工作过程导向的高职课程开发探索与实践》序言中所说："这只是一部习作。习者，蹒跚学步也"。它"虽显稚嫩，却是新起点"。诚恳希望各位同行、专家批评指正。

工学结合是职业教育永恒的主题。即将颁布和实施的《国家中长期教育改革和发展规划纲要(2010~2020)》对大力发展职业教育做出了许多重大举措,特别提出了制定校企合作法规,调动企业参与职业教育的积极性。可以说,职业教育将迎来又一个新的春天。欣逢盛世,责任重大。我们将一如既往地加强与企业的合作,积极探索多种形式的职业教育模式,开发适应企业和市场需求的专业教材,努力培养更多的高技能人才,为实现我国从人力资源大国到人力资源强国的转变作出应有的贡献。

路漫漫其修远兮,吾将上下而求索。

是为序。

王章华

2010年3月于岳麓山下

(王章华为湖南交通职业技术学院院长、教授,中南大学硕士生导师)

前　言

　　高速公路在运输能力、速度和安全性方面具有突出优势，对实现国土均衡开发、建立统一的市场经济体系、提高现代物流效率和公众生活质量等具有重要作用。

　　随着我国高速公路的加速建设，高速公路的运营管理在确保发挥其安全、舒适、快捷的运输方面的重要性日益体现，为了充分发挥其优势，必须完善与其相配套的机电系统的管理。其中，监控系统的智能化是高速公路运营的安全、快捷、高效的重要保障。随着计算机技术、电子技术的发展，我国高速公路的运营管理正朝着专业化的方向发展，对监控系统的运行和维护方面提出了更高的要求。因此，需要由具有实践经验的、长期从事高速公路机电系统维护工作一线的工程技术人员参与本教材的编写。

　　本书由湖南交通职业技术学院赵竹、陈瑜、田杰、曾瑶辉、刘虹秀、陈媛共同编写。赵竹和陈瑜任主编，负责全书的统稿工作。

　　本书由湖南省高速公路管理局李冬陵工程师主审，对本书提出了许多宝贵的意见。谭任绩教授、曾瑶辉教授对本书的编写工作给予了大力的支持，在此向他们深表谢意。

　　由于编者水平有限，加上新技术的不断发展，教学内容不断更新，书中难免有错误和不妥之处，恳请读者予以指正或提出修改意见。

编　者
2010 年 12 月

目　　录

第一部分　知识概述 …………………………………………………………… 1
　第一节　高速公路监控系统的组成与功能 ………………………………… 1
　第二节　高速公路监控系统的结构 ………………………………………… 4
　第三节　高速公路监控系统主要设备及功能 ……………………………… 9
　第四节　高速公路监控系统涉及的技术 …………………………………… 10

第二部分　收费监控设备的操作 ……………………………………………… 13
　项目一　监控设备的安装 …………………………………………………… 13
　　任务一　摄像机的安装 …………………………………………………… 15
　　任务二　云台的安装 ……………………………………………………… 17
　项目二　监控系统软件的操作 ……………………………………………… 18
　　任务一　黄金视讯金保系列监控软件的操作准备 ……………………… 19
　　任务二　黄金视讯金保系列监控软件的操作 …………………………… 24
　项目三　监控画面的转换 …………………………………………………… 27
　　任务　BNC 接头的制作 …………………………………………………… 28
　项目四　视频切换矩阵控制键盘的操作 …………………………………… 29
　　任务一　视频切换矩阵键盘的使用 ……………………………………… 30
　　任务二　画面的切换 ……………………………………………………… 32
　项目五　监控记录的填写 …………………………………………………… 33

第三部分　图形监控软件的操作 ……………………………………………… 37
　项目一　TCO 的操作 ………………………………………………………… 37
　　任务　TCO 实时监控 ……………………………………………………… 39
　项目二　CCM 的操作 ………………………………………………………… 41
　　任务　CCM 的操作 ………………………………………………………… 43
　项目三　OPE 的操作 ………………………………………………………… 45
　　任务　OPE 的操作 ………………………………………………………… 46

第四部分　信息发布设备的操作 ……………………………………………… 50
　项目　道路交通信息的发布 ………………………………………………… 52
　　任务一　固定道路交通信息的发布 ……………………………………… 52
　　任务二　紧急道路交通信息的发布 ……………………………………… 52

第五部分　设备故障维护与保养 ……………………………………………… 54
　项目一　云台常见故障的维修 ……………………………………………… 55

  任务一 解码器无法控制问题的解决 ·········· 55
  任务二 解决云台无法控制的办法 ·········· 56
  任务三 收费亭内云台运转不灵 ·········· 56
 项目二 监控设备后备电源的使用 ·········· 57
  任务一 机电系统后备电源的加载 ·········· 57
  任务二 机电系统后备电源的关闭 ·········· 58
  任务三 UPS 电池的检查 ·········· 58
 项目三 监控系统常见故障 ·········· 59
  任务一 监视器的画面异常的处理 ·········· 59
  任务二 监控图像干扰问题的解决 ·········· 59
  任务三 监控主机端图像质量不好问题的解决 ·········· 60
  任务四 监视器图像闪烁严重问题的解决 ·········· 60
  任务五 监控主机端监视器无法看到摄像机的图像问题的解决 ·········· 60
  任务六 电视墙上某一路无图像问题的解决 ·········· 61
  任务七 带云台摄像机不能正常控制问题的解决 ·········· 61
  任务八 车辆检测器无数据上传问题的解决 ·········· 61
  任务九 监控使用光端机光路问题的解决 ·········· 62
  任务十 监控使用光端机数据接口问题的解决 ·········· 62
 项目四 监控系统的保养 ·········· 64
  任务一 监控设备的维护 ·········· 64
  任务二 监控主机的保养 ·········· 64
  任务三 硬盘录像机的维护 ·········· 65
  任务四 监控操作主机的维护 ·········· 65
  任务五 DLP 大屏幕的保养 ·········· 66
  任务六 硬盘录像机 SATA 硬盘的更换 ·········· 66
  任务七 硬盘录像机 IDE 硬盘的更换 ·········· 67
附录 ·········· 69
 资料一 DLP 大屏幕保养知识 ·········· 69
 资料二 认识监控主服务器 ·········· 70
 资料三 服务器硬盘接口 ·········· 73
 资料四 认识 PC 式 DVR 常用的 7 种接口类型 ·········· 76
 资料五 图解硬盘录像机双硬盘安装 ·········· 78
 资料六 信号接口 ·········· 80
 资料七 公路收费及监控员国家职业标准 ·········· 88
参考文献 ·········· 99

第一部分　知识概述

背景资料：抢抓机遇加快建设，打造中部交通枢纽

湖南省是个传统农业大省，近年来高速公路建设取得了长足进展，但放眼全国，差距仍然较大。在中部六省中，湖南省面积第一、人口数量第二、经济总量第三，但高速公路通车里程到2007年年底只有1 765km，在全国排第17位，在中部排最后一位。而且，湖南与周边省份相连接的21条高速公路，完全建成的只有5条，例如二连浩特至广州高速公路只有湖南境内未贯通。出省通道少、高速公路通行能力相对不足已成为制约湖南省经济又好又快发展的重要因素。

2008年，湖南省高速公路开工建设项目的数量、在建项目的里程、投资的金额和覆盖市(州)的范围，均创历史新高。2010年已相继开工建设12个项目，总投资817亿元，总里程达到1 196km，覆盖12个市(州)和43个县(市、区)，与广东、广西、重庆、湖北、江西等5个省(区、市)相连接，涉及8个出省大通道。今后，湖南还要力争开工建设6条高速公路；2011~2012年，还将研究部署开工建设一批新的高速公路项目。预计到2012年，湖南高速公路通车里程将达到5 000多公里。

高速公路的管理与普通公路的管理有着质的区别，其严格的管理需借助现代化的技术手段。运用计算机网络技术、现代信息技术、自动控制技术等手段建立高速公路监控系统已经成为业内人士的共识。

知识点：

1. 高速公路监控系统的组成与功能；
2. 高速公路监控系统的结构；
3. 组成高速公路监控系统的主要设备；
4. 各主要监控系统设备的用途。

第一节　高速公路监控系统的组成与功能

高速公路监控是对高速公路交通流运行状态及其交通设施和交通环境的监测(视)与对交通流行为的控制。

一、高速公路监控系统的组成

高速公路监控系统由信息采集、数据传输、中心控制和信息发布等组成。它是在中心控制子系统的统一管理下，通过公路沿线的车辆检测器、气象检测器、能见度仪、摄像机等信息采集设备，准确统计道路交通数据，有效检测道路的交通、气象状况，及时掌握道路运营状况，将交通量分布、气象参数、车辆运行情况等信息及时采集到监控中心，经计算机处理形成交通控制方案，再通过可变情报板、可变限速标志发布诱导信息，从而合理地引导、限制和组织交通流，使高速公路的交通流始终保持在最佳的运行状态，及时发现和处理交通事故并减少事故的发生率，提高道路

通行能力。监控中心和外场设备经通信系统进行信号传输。监控中心设有大屏幕投影和地图板，可动态显示每一区段交通运行状态、设备工作状态和报警位置；计算机系统可对交通数据进行处理、记录并生成各种图表。简而言之，监控系统具备最基本的3个功能：

（1）采集交通流数据，判断交通状态。
（2）根据交通状态，实施控制策略，决定控制参数。
（3）执行控制策略，将控制参数作用于交通流。

二、高速公路监控系统的作用

高速公路监控系统的作用在于保证行车"安全"和道路"畅通"。其功能包括监测、控制、管理3个方面。

1. 监测

监测是指运用现代科技手段采集公路的实时信息，进行数据化、可视化处理，并进行交通运行数据信息和图像信息的统计，为监控人员了解和分析公路当前和历史状况，进而提出调度控制的决策，提供确凿有力的依据。

2. 控制

控制是指利用计算机网络、数据通信、专家系统等现代化手段，及时应对交通动态情况，沿途发布提示信息，进行全程合理调度，以促进交通的安全畅通。

3. 管理

管理是指总结路段运行规律，优化系统功能，制定相应制度，规范操作行为，进行前瞻性预测，提出一系列科学管理的手段和方案等，以最大限度地发挥高速公路的效率。

其具体功能如下：
（1）实时采集道路交通量、车道占有率、车速等路况状态信息。
（2）实时采集风力、风向、气温、路面温度、路面湿度、结冰度等环境状态信息。
（3）专项图像监控功能，如用视频系统监视桥梁、隧道、收费站出入口等中调防护部位的车流通过情况，探测和确认交通事件等。
（4）根据系统采集交通信息，迅速做出有针对性的专家分析处理和优化控制方案。
（5）对交通事故能做出快速响应，进行交通疏导，迅速排除事故和提供救援服务。
（6）通过建立多种信息发布渠道，为用户提供交通信息服务，以达到交通流动态平衡。
（7）自动数据备份和系统恢复功能。
（8）告警分类处理功能。

三、高速公路监控系统的功能

近年来，随着电子技术、计算机技术、自动化控制技术、视频分析技术和光纤通信技术的发展，高速公路监控系统的技术结构也随之发生变化。监控系统由单一的计算机集中处理方式发展为多计算机、功能分散的计算机网络处理方式，从而使系统可靠性提高，程序编制简单，易于维护和功能扩展。由于光缆、计算机及微电子技术的发展，应用于监控系统中的各种设备已逐渐向智能化方向发展，从而使今后高速公路的监控系统具有更强的功能。

根据监控系统的功能要求和设备特点，监控系统可分为如下功能子系统。

1. 交通信息采集与显示子系统

该子系统的功能是：获取交通信息原始数据，通过车辆检测器、检测线圈、通信设备等形成的交通量采集子系统，获得各段道路的交通量数据；通过在重要地段的摄像机和视频传输设备获取该地段的视频实时数据，而且根据需要可对视频数据进行抓拍记录；通过设在路边的紧急电话获取紧急救援信号；通过气象采集系统采集高速公路各地段的能见度、温度、湿度、风向、风速、雨雪等气象条件。这些信息中，视频数据可在计算机或电视墙上显示，其他交通量数据和紧急救援信号数据一般通过电子地图板或大屏幕投影的方式显示。

2. 交通状态检测子系统

该子系统的功能是：根据采集到的交通信息原始数据，计算出各地段的交通状态参数，以反映各地段的交通状态。交通状态检测子系统包括：交通参数原始数据的接收、交通参数的计算、气象条件数据处理。管理人员所关心的是交通系统的状况如何，首先需要一个定性的描述，然后才关心具体的数值分布范围，因此，应采用模糊算法的控制系统，通过隶属度函数计算当前值对各模糊集的隶属度，并判断交通状态及交通气象条件隶属于哪一个模糊子集(定性的状态值)，以便模糊控制系统进行模糊推理。

3. 交通控制子系统

该子系统的功能是：根据各地段的交通状态和气象条件，选择或配置交通控制方案。交通控制子系统包括：交通控制目标、交通控制方法、交通控制参数。控制参数以一定的控制形式作用于交通流。

根据控制形式的不同，控制方法可以分为匝道控制和主线控制两大类，而匝道控制又可以分为：入口匝道定时调节控制、入口匝道整体定时控制、入口匝道交通感应控制及入口匝道汇合控制。在控制算法上，有基于稳态交通模型和动态交通模型的准确推导方法、基于模糊理论的算法、基于神经网络原理的算法等，这些算法目前还在不断得到发展和完善。

4. 交通诱导子系统

该子系统的功能是：利用交通状态检测子系统检测到的交通事件、交通控制系统获得的交通控制方案及交通控制参数，为车辆提供诱导信息。交通诱导子系统包括可变限速诱导系统和可变情报板系统。可变限速诱导系统，利用埋设在道路两侧或中间的可变限速标志，进行整条道路的车速优化处理，使车辆以均匀的密度分布在高速公路上；可变情报板系统则提供更为具体的诱导信息，向车辆提供准确的交通状态和警告、指挥信息。

5. 计算机网络子系统

该子系统将其他子系统通过计算机网络连接成一个整体，使之成为一个功能强大的系统。计算机网络系统包括：计算机设备、网络连接设备、计算机操作系统、数据库系统、计算机网络管理、监控系统应用程序。

对于一个具体的监控系统，在系统实施时往往会根据系统设备配置、安装的特点等因素进行重新划分。监控系统的基本构成如图1-1所示。

上述功能子系统还可进一步划分为：计算机网络系统、气象采集系统、交通参数及状态采集系统、交通视频监视系统、交通控制系统、交通监视及诱导系统。

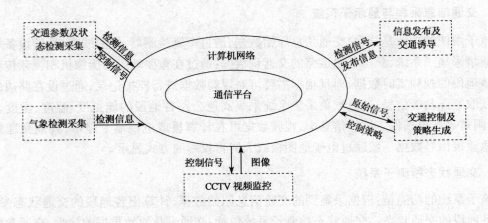

图 1-1　监控系统功能模块框图

第二节　高速公路监控系统的结构

一、高速公路监控系统的组织结构

高速公路监控系统的组织结构与高速公路的管理方式有密切的关系,根据行政管理范围的划分和业务的划分,监控系统的组织结构采用由下至上、逐层逐级数据向上传递的方式。就省域的组织结构而言,应视各省的具体情况而定。图 1-2 给出监控组织结构三级管理模式。其中区域监控中心可以是地理范畴的区域中心,也可以是路公司设定的管理结构。

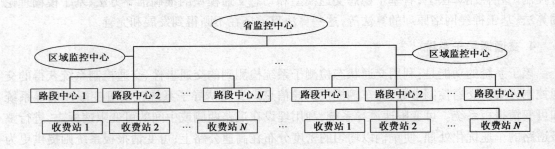

图 1-2　监控组织结构三级管理的参考模式

根据各条道路具体情况的不同,高速公路管理部门可以采取不同的监控系统组织结构。对于道路比较短、监控点比较少的道路,可以采用集中监控的方式,将监控数据传送到邻近收费站的通信站,该通信站再通过高速公路通信系统将数据送到监控中心。在这种情况下,不设立监控分中心,其结构如图 1-3 所示。

对于比较长的高速公路,由于管理机构组成的变化,集中式监控已不能满足实际管理的需要,往往采取层级式管理,在监控总中心下设立监控分中心。各监控点的数据传送到通信站后,再通过高速公路通信系统线传送到监控分中心。监控分中心可以看到下辖监控室的监控数据,同时将这些数据通过通信系统传送到监控总中心,其组织结构如图 1-4 所示。

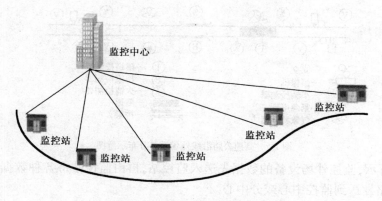

图1-3 监控系统基本组织结构

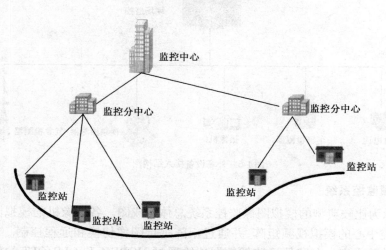

图1-4 长路段监控系统组织结构

根据监控系统的功能要求,各种设备需要安装在不同的位置,根据其位置分布的特点,总体上可以分为两大类:室内设备和外场设备。室内设备包括监控站和监控分中心。监控中心放置的设备常见的有计算机网络设备、电子地图板、大屏幕投影仪等;外场设备为放置在室外的设备,如可变限速标志、可变情报板、主线监视摄像机等。不同的工作环境,要求设备具有一定的环境适应性。如外场设备放置在野外,工作条件恶劣,因此,一些外场设备事先要考虑进行安装工艺(防止被破坏、损伤)、隔热、透风、防雨水浸淋等处理,在雷雨比较多的地区,要处理好设备的防雷和接地。在特殊地段,设备会受到其他系统的信号干扰,影响设备的正常工作,需要进行屏蔽防干扰等特殊处理。

为保证监控系统的正常运行,可靠的电源系统和接地、防雷系统是十分重要的。因此,在系统设计时,应根据设备的功率合理配置系统电源,以保证系统主要设备在不间断电源的条件下工作。

二、路段监控系统构成

1. 外场数据的采集设备

如图1-5所示,外场数据采集设备分布在高速公路沿线,其功能是将道路的状态信息传送到监控站,提供整个监控系统的数据源。

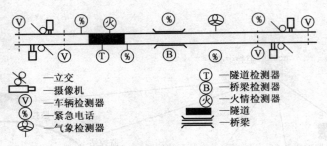

图 1-5　高速公路沿线外场设备分布示意图

如图 1-6 所示,监控外场设备的数据先送入监控站,再由监控站将各种数据由通信设备通过主干通信线路发送到监控中心或分中心。

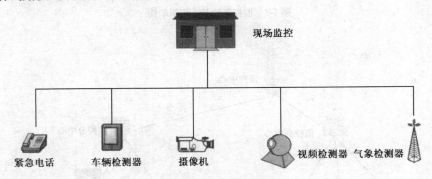

图 1-6　外场设备接入结构图

2. 模拟视频监控系统

图 1-7 所示为比较典型的模拟图像监控系统总体构成图。各摄像机的模拟图像通过光端机送至路段监控中心的模拟视频矩阵,并通过矩阵进行图像切换和远程控制。图 1-8 所示为监控系统数据传输方案。各路外场监控数据传输通过 MODEM 和 OLP/OLT 的低速数据透明信道,送至通信前置机的多串口卡,然后上网。

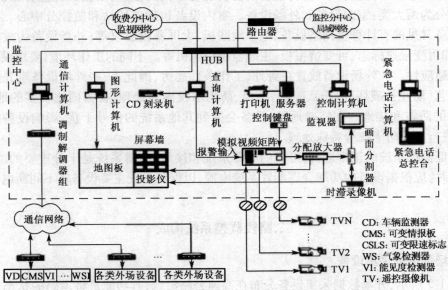

图 1-7　模拟图像监控系统总体构成图

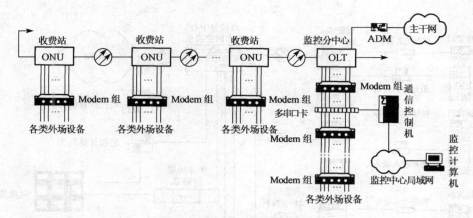

图 1-8　监控系统传统数据传输方案

该模拟监控系统存在如下不足：
(1)注重于路段的监控,对跨区域联网监控考虑不够,存在信息孤岛现象。
(2)接线复杂、层次不清、可靠性差,实时性较低等。
(3)路况视频采用点对点的模拟方式送往中心站,多级调用将导致图像质量下降,同时光纤资源耗费巨大,扩容困难。
(4)模拟视频不易处理,长时录像耗费大,不便调看和数据共享。
(5)对外场和室(亭)内监控图像不加分类处理,导致(亭)内监控图像所占带宽过大,用模拟方式难以传送至中心,只能在该站设监控室,耗费人力、财力。
(6)路段接入网通信容量浪费大,155Mb/s 只利用不到 10%；而外场图像传输带宽要求较高,2Mb/s 速率以上的 IP 包传输,则须另外绑定多个 E1 的 SDH-IP 的协议转换设备。
(7)外场设备、摄像机增减不易。
(8)不支持多种业务的跨区联网,缺少高速公路信息化建设的基础条件,难以拓展其他增值业务。

3. 数字视频监控系统

数字视频监控系统是指通过视频监控图像的数字化处理采用的数字传输方式的视频监控系统。图 1-9 为基于 IP 网络平台的分布式数字监控系统结构图。其中,IP 网络平台采用了以太网方式,由收费站以太网交换机、监控分中心以太网交换机和监控计算机等组成,采用成熟的 TCP/IP 网络协议。

摄像机经视频接入设备与以太网交换机相连,进入监控网。其中,视频接入设备需做图像编码,并打出 IP 包传输。类似地,各外场设备则通过数据接入设备,打出 IP 包传输。监控图像可由图像解码器还原成模拟图像在监视器上显示,也可由计算机将图像软解码后显示。若监控数据比较简单,由监控计算机在网上调用外场数据,并实施控制。

该方式层次清晰、线路简明,便于区域联网,但需要专用的视频接入设备和数据接入设备,否则摄像机和外场设备需自带接入功能部分。

三、现场监控站、监控中心、监控分中心的作用

1. 现场监控站的功能

每一路段匝道连接点附近安装有交通数据检测器、环境检测器、可变信息显示器和摄像机

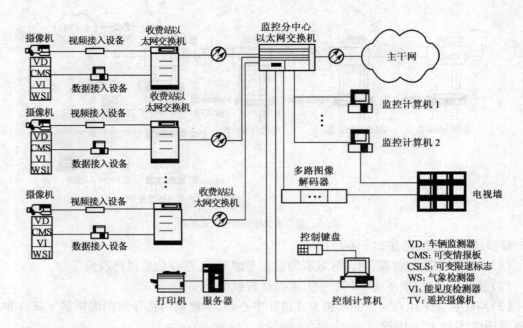

图 1-9　基于 IP 网络平台的分布式数字监控系统结构图

等设备,这些设备紧靠基本路段一侧的路肩外,其检测、处理、控制和通信单元分别安装在机箱内,与变/配电站等单元组成现场监控站。

现场监控站是底层的监控单元,负责完成监控中心或分中心与现场设备之间的信息转接任务,即将现场设备的各种数据汇集起来,进行初步处理后,通过通信单元将数据送到监控分中心或监控中心;然后将监控分中心或监控中心的控制信号传送给现场终端设备。现场监控站发挥着信息"上传"和"下达"的作用。

2. 监控分中心的功能

监控分中心配置有由闭路电视控制和显示设备、入口匝道控制设备及紧急电话应答设备等组成的中央控制系统,负责所属路段的实时管理,包括:信息处理、控制决策和下达控制指令。

监控分中心有一间大监控室,配置综合控制台和大型显示屏幕,以便于管理人员分别操作、管理各个监控子系统。这些子系统是:闭路电视、紧急电话、数据采集处理、控制决策和执行、可变信息编辑和显示、图形编辑显示、通信控制等。同时,分中心还要和同一个管区的收费分中心进行联系,以便获取必需的车辆信息,及时下达入口控制指令,各个现场监控站及所有子系统都是由微处理器或计算机控制管理的。监控室应配备工作电话,内部电话用来完成监控系统的工作调度,方便管理人员之间的工作协调;外部电话主要用于和交警、路政、救援、消防等单位联系。在监控系统各子系统之间的信息联系则依靠计算机网络。因此,分中心监控室的主要工具平台是一个交通监控计算机网络系统。

3. 监控中心的功能

在设有监控分中心的系统,监控中心负责对全局的宏观管理,任务量比较小;在没有监控分中心的管理系统中,监控中心完成与多级管理系统中监控分中心相同的功能。

第三节　高速公路监控系统主要设备及功能

高速公路监控系统设备种类繁多，监控摄像机（图1-10）、云台、监视器（图1-11）、字符叠加器、视频矩阵等是系统最基本的组成部分。

图1-10　监控摄像机

图1-11　监视器

云台是安装、固定摄像机的支撑设备，它分为固定式和电动式两种，如图1-12所示。

矩阵键盘是闭路电视监控系统重要的人机对话设备，使用它操作员可以键入指令对系统中的视频切换设备、音频切换设备、摄像机解码设备以及报警控制设备进行操作，并可接收和检测系统中各种设备发出的回送信息，如图1-13所示。

图1-12　云台

图1-13　矩阵键盘

视频数据叠加器（字符叠加器）的功能主要是将需要显示的字符信息叠加在摄像机的视频信号上，以便监控室值班人员通过CCTV系统监视器清晰观察和记录整个监视过程。动态叠加时，整个键入过程跟踪显示，所有内容均显示在监视器上；静态叠加时，静态配置不会因掉电而丢失，如图1-14所示。

视频矩阵最重要的一个功能就是实现对输入视频图像的切换输出，即将视频图像从任意一个输入通道切换到任意一个输出通道显示。一般来讲，一个 $M \times N$ 矩阵表示它可以同时支持 M 路图像输入和 N 路图像输出。这里需要强调的是必须要做到任意，即任意的一个输入和任意的一个输出，如图1-15所示。

图1-14　字符叠加器

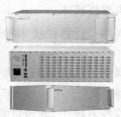

图1-15　视频矩阵

监控压缩卡是将模拟摄像机、录像机、电视机输出的视频信号等输出的视频数据或视频音频的混合数据输入电脑,并转换成电脑可辨别的数字数据,存储在电脑中,成为可编辑处理的视频数据文件,如图1-16所示。

解码器是一个重要前端控制设备,国外称其为接收器/驱动器或遥控设备。它是为带有云台、变焦镜头等可控设备提供驱动电源并与控制设备(如矩阵)进行通信的前端设备,如图1-17所示。通常,解码器可以控制云台的上、下、左、右旋转,变焦镜头的变焦等。

图1-16　监控压缩卡(视频采集卡)

图1-17　编码器与解码器

在主机的控制下,解码器可使云台、镜头、防护罩等前端设备产生相应的动作。

硬盘录像机是将模拟的音视频信号转变为MPEG数字信号存储在硬盘(HDD)上,并提供与录制、播放和管理节目相对应的功能,如图1-18所示。

车辆检测系统是道路监控系统非常重要的一部分。利用感应线圈来检测车辆速度是目前世界上技术较为成熟的车辆检测方法,它可以获得当前监控路面交通流量、占有率、速度等数据,以此判断道路阻塞情况,并利用外场信息发布系统发出警告等,如图1-19所示。

图1-18　硬盘录像机

图1-19　车辆检测器

第四节　高速公路监控系统涉及的技术

根据高速公路监控系统要达到的目标及组织方式,系统的实施涉及多个技术领域,主要包括以下几个方面。

1. 计算机网络技术

计算机网络是计算机技术和通信技术密切结合的产物,已成为计算机应用中一个必不可少的方面。

计算机网络的功能可归纳为资源共享、提高可靠性、节省费用、便于扩充、数据通信、协同处理、负荷分担等。

在交通监控系统中,通过计算机网络把数据采集、交通控制、诱导策略实施等模块连接成为有机的控制系统。

2. 视频监视技术

视频监视系统可以把监视现场的图像和声音数据传送到远离现场的监控中心,通过多媒体技术将视频、音频数据保存到计算机中。

视频监视系统一般由视频采集、视频信号传输、视频信号显示及视频控制部分组成。

对高速公路主线入口、桥梁、隧道等重要的交通位置进行视频监视,可以协助工作人员及时了解交通现场的情况,根据发生的事件、事故确定具体的应对策略。

3. 数据采集与处理技术

数据采集是指将传感器提供的温度、压力、流量、能见度、湿度等模拟量采集、转换成数字量后,再由计算机进行存储、处理的过程,相应的系统称为数据采集系统。

数据采集系统一般具有以下功能:

1)数据采集

数据采集计算机按照预先选定的采样周期,对输入到系统的模拟信号进行采样,有时还要对数字信号、开关信号进行采样。数字信号和开关信号不受采样周期的限制,信号采集到后,由相应的程序进行处理。

2)模拟信号处理

模拟信号是指随时间连续变化的信号,这些信号在规定的一段连续时间内,其幅值为连续值,即从一个量变到下一个量时中间没有间断。

模拟信号有两种类型:一种是由各种传感器获得的低电平信号;另一种是由仪器、变送器输出的电流信号。这些信号经过采样和 A/D 转换输入计算机后,一般要进行数据正确性判断、标度变换、线性化等处理。

模拟信号对干扰信号很敏感,在传送中幅值或相位容易在干扰下发生畸变,需要对模拟信号做零漂修正、数字滤波处理。

3)数字信号处理

数字信号是指在有限的离散瞬时上取值间断的信号。在二进制系统中,数字信号是由有限字长的数字组成的,其中每位数字不是 0 就是 1,可用脉冲的有无来体现。数字信号的特点是它只代表某个瞬时的量值,是不连续的信号。

数字信号输入计算机后,常常需要进行码制转换处理,如 BCD 码转换成 ASCII 码,以便于传送和显示。

4)二次数据计算

把直接由传感器采集到的数据称为一次数据;把通过对一次数据进行某种数学运算获得的数据称为二次数据。二次数据计算主要有平均、累计、变化率、差值、最大值和最小值等。

5)数据存储

数据存储就是按照一定的时间间隔,定期将某些重要数据存储在外部存储器上。

在交通监控系统中,数据采集系统在采集交通流量、路面温度、湿度、道路大气污染度方面有重要应用。

4. LED 显示技术

通过在高速公路两侧或上方设置 LED 显示屏,可以将交通诱导信息及时告知驾驶员,达到调节交通流量的目的。

LED 显示屏由显示器件、电源、控制器等部分组成,在野外装置的 LED 要求发光管有较强的亮度。

5. 数据通信技术

当前端设备采集到交通流量或温度、湿度等数据时,要将这些数据发送到上位机或监控室的数据接收设备,进行深层次的处理。数据传送时需要数据通信技术的支持,在近距离可通过RS232 或 RS485 接口按照规定的通信协议传送数据。

6. 图像处理技术

采用视频交通检测技术时,可通过摄像机采集视频数据,捕捉其中的某一瞬时图像,通过对图像画面的分割、模式识别等处理,可以分析出交通流量的大小。

7. 计算机软件设计技术

交通监控系统的最终目的是为交通管理服务,大量的交通数据采集到监控室后,要依靠计算机软件对这些数据进行接收、分析和处理。交通监控系统所使用的计算机软件编制时间一般较长。按照软件工程的一般管理方法,软件开发一般分为:需求分析、概要设计、详细设计、代码编写、调试、单元测试、集成测试等阶段。

8. 交通控制技术

交通监控系统的核心是监控软件,而监控软件必须按照交通控制的算法来实现交通控制的目的,因此,交通控制技术在交通监控系统中占据十分重要的位置。交通控制理论和交通控制机制包括匝道控制、主线控制等。交通控制算法是交通监控系统的核心。

9. 其他技术

除了信息处理的相关技术外,在交通监控系统实施中还要涉及土建、钢结构件、镀锌等处理技术,这些辅助工作对于保证监控系统的质量和运行效果也是十分重要的。

第二部分　收费监控设备的操作

项目一　监控设备的安装

要求：正确安装摄像机及其周边设备，将摄取的画面送到监视器显示出来。
常见的收费监控设备如图2-1～图2-8所示。

图2-1　收费亭内的状况

图2-2　收费亭内的摄像头

图2-3　收费车道

a)

b)

图2-4　收费车道摄像机

图 2-5　收费广场　　　　图 2-6　收费广场的摄像机　　　　图 2-7　监控室内的摄像机

图 2-8　电视墙

知识点：

1. 认识各种型号的公路摄像机（头）及配套设施；
2. 公路摄像机安装的标准；
3. 了解视频图像信号的传输方式；
4. 认识电视墙。

能力测试：

1. 完成模拟公路摄像机的安装；
2. 完成云台的安装；

学习测评：

知识测评	项目	考核等级			总分
		准确性 （10分）	全面性 （10分）	完整性 （10分）	
知识点考查 （占30%）	掌握高速公路摄像机的分类				
	掌握高速公路摄像机的技术指标				
	掌握摄像机镜头的选择				
	掌握云台的种类				
	掌握云台的技术指标				
	了解防护罩的分类和作用				
	掌握高速公路视频图像的传输途径				
	平均分值				

能力测评	项目	成功性 （20分）	速度性 （20分）	熟练性 （20分）	精美性 （10分）	总分
能力考查 （占70%）	制作视频头					
	安装高速公路摄像机					
	在电视墙上准确显示视频图像					
	安装云台					
	平均分值					
项目总结	总得分					

备注

准确性：对知识点掌握的正确与否。
全面性：对于分项目的整体把握。
完整性：对于分项目的微观认识。
成功性：作品的是否制作成功，能够实现电气功能。
精美性：对于作品的外观认识。

任务一 摄像机的安装

普通摄像机的支架种类繁多，安装简单，价格低廉。

摄像机的安装注意事项如下：

摄像机的安装很简单，通常只要正确安装镜头、连通信号电缆、接通电源即可。但在实际使用中，如果不能正确地安装镜头并调整摄像机及镜头的状态，则可能达不到预期的使用效果。摄像机镜头与摄像机的接口有 C 型与 CS 型接口之分（这一点要切记，如果用 C 型镜头直接往 CS 接口摄像机上旋入时，极有可能损坏摄像机的 CCD 芯片）。

安装镜头时，首先去掉摄像机及镜头的保护盖，然后将镜头轻轻旋入摄像机的镜头接口并使之到位。对于自动光圈镜头，还应将镜头的控制线连接到摄像机的自动光圈接口上；对于电动两可变镜头或三可变镜头，只要旋转镜头到位，则暂时不需校正其平衡状态（只有在后焦聚调整完毕后才需要最后校正其平衡状态）。

调整镜头光圈与对焦时应关闭摄像机的电子快门及逆光补偿开关，将摄像机对准欲监视的场景，调整镜头的光圈与对焦环，使监视器上的图像最佳。最后装好防护罩并上好支架即可。这里要注意的是：在以上调整过程中，若不注意在光线明亮时将镜头的光圈尽可能开大，而是关得比较小，则摄像机的电子快门会自动调成低速状态，仍可以在监视器上形成较好的图像；但当光线变暗时，由于镜头的光圈比较小，而电子快门也已经处于低速（1/50s）状态，此时的成像就可能是模糊一片了。

摄像机的安装步骤：

（1）拿出支架，准备好工具和零件：涨塞、螺栓、螺丝刀、小锤、电钻等工具；（图2-9）按事先确定的安装位置，检查好涨塞和自攻螺栓的大小型号，试一试支架螺栓和摄像机底座的螺口是否合适，预埋的管线接口是否处理好，测试电缆是否畅通。

（2）拿出摄像机和镜头，按照事先确定的摄像机镜头型号和规格，细心地装上镜头（红外摄像机和一体式摄像机不需安装镜头）。注意，此时不要用手碰镜头和CCD（图中标注部分）。在确认固定牢固后，接通电源，连通主机或现场使用监视器、小型电视机等，并调整好光圈焦距,如图 2-10 所示。

图 2-9 摄像机的安装步骤一

图 2-10 摄像机的安装步骤二

(3)拿出支架、涨塞、螺栓、螺丝刀、小锤、电钻等工具,按照事先确定的位置,装好支架。检查牢固后,将摄像机按照约定的方向装上(确定安装支架前,最好先在安装的位置通电测试一下,以便得到更合理的监视效果),如图 2-11 所示。

(4)如果在室外或室内灰尘较多,需要安装摄像机护罩,在第二步后,直接从这里开始安装护罩,如图 2-12 所示:

①打开护罩上盖板和后挡板;
②抽出固定金属片,将摄像机固定好;
③将电源适配器装入护罩内;
④复位上盖板和后挡板,理顺电缆,固定好,装到支架上。

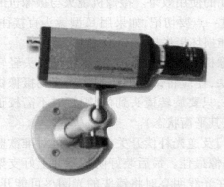

图 2-11 摄像机的安装步骤三

图 2-12 摄像机的安装步骤四

(5)把焊接好的视频电缆 BNC 插头插入视频电缆的插座内(用插头的两个缺口对准摄像机视频插座的两个固定柱,插入后顺时针旋转即可),确认固定牢固、接触良好,如图 2-13 所示。

(6)将电源适配器的电源输出插头插入监控摄像机的电源插口,并确认插牢(注意摄像机的电源要求:一般普通枪式摄像机使用 500～800mA、12V 电源,红外摄像机使用 1 000～2 000mA、12V 电源,请参照产品说明选用适合的产品),如图 2-14 所示。

(7)把电缆的另一头按同样的方法接入控制主

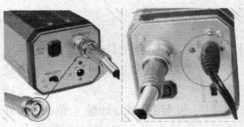

图 2-13 摄像机的安装步骤五

机或监视器(电视机)的视频输入端口,确保牢固、接触良好(如果使用画面分割器、视频分配器等后端控制设备,请参照具体产品的接线方式),如图2-15所示。

图2-14 摄像机的安装步骤六

图2-15 摄像机的安装步骤七

(8)接通监控主机和摄像机电源,通过监视器调整摄像机角度到预定范围,并调整摄像机镜头的焦距和清晰度,进入录像设备和其他控制设备调整工序。

任务二 云台的安装

安装云台最基本的工具是要有冲击钻、锤子、螺丝刀、扳手、盒尺、铅笔等常用工具。在安装云台以前,必须把云台的使用说明书仔细阅读一遍,在确定电压、所用电缆(云台、镜头、电源等)、安装位置等事项后,再开始安装工作。

在此仅利用图解的方式,以一台室内壁挂式云台的安装和接线方式为例来说明安装步骤,其他型号云台的安装方法与此大同小异。具体安装步骤如下:

(1)侧放云台,用螺丝刀打开底盖板,如图2-16所示。

(2)去掉盖板,抽出接线板,如图2-17所示。

图2-16 云台的安装步骤一

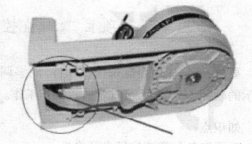

图2-17 云台的安装步骤二

(3)将接线板平放在桌面上,小心拔除电缆,如图2-18所示。

特别提醒:要特别注意电源的电压,如果云台使用24V电源,错接入220V将会烧毁云台。

(4)按照说明书和摄像机的标注把控制信号线接入相应端口,如图2-19所示。

(5)把带有接线模块的固定板按照事先确定的位置固定到墙上,并按照步骤一至步骤三的方法把云台的底板装回去,如图2-20所示。

如果使用云镜控制器，安装完成后可以直接把相应的电缆接入云镜控制器进行加电测试（再次提醒注意电压），并根据场景的实际需要确定左右的扫描角度，最后用塑料销固定。如果接入解码器，可根据解码器的说明书，把相应电缆接入解码器，与解码器一并完成安装和测试。

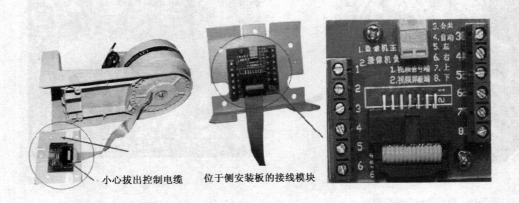

图2-18 云台的安装步骤三

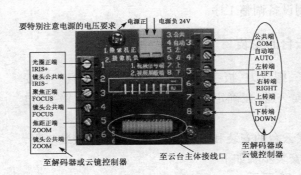

图2-19 云台的安装步骤四

图2-20 云台的安装步骤五

项目二　监控系统软件的操作

要求：熟练应用硬盘录像机软件，能够调出某天某个时间段的监控录像。使用如图2-21所示的软件，完成监控员日常监控操作工作。

知识点：

1. 了解各种类型的硬盘录像机；
2. 了解硬盘录像机的构成。

能力测试：

1. 能够熟练地操作硬盘录像机软件；
2. 能够调出某天某个时间段内某违规车辆的视频录像。

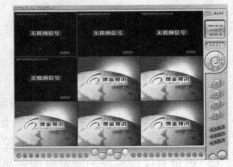

图2-21 "黄金眼"软件界面

学生测评：

知识点测评	项目	考核等级			总分
		准确性 （10分）	全面性 （10分）	完整性 （10分）	
知识点考查 （占30%）	硬盘录像机的种类				
	硬盘录像机的构成				
	平均分值				
能力测评	项目	成功性 （20分）	速度性 （20分）	熟练性 （20分）	完整性 （10分）	总分
能力考查 （占70%）	熟练操作硬盘录像机软件					
	能够调出某天某个时间段内某违规车辆的视频录像					
	平均分值					
项目总结	总得分					

备注
准确性：对知识点掌握的正确与否。
全面性：对于分项目的整体把握。
完整性：对于分项目的微观认识。
成功性：作品的是否制作成功，能够实现电气功能。
精美性：对于作品的外观认识。

任务一　黄金视讯金保系列监控软件的操作准备

（一）监控软件的安装

监控软件的安装步骤如下：

（1）双击桌面上"　"图标，打开"我的电脑"。

（2）在"我的电脑"窗口中双击"　"图标，打开 D 盘。

（3）双击"　"文件夹。该文件夹保存的为机器正常运行所需要的软件及驱动备份。

（4）双击　。该文件夹内存有系列录像软件及网控等软件，可根据实际情况，选择合适的软件版本，运行"SETUP"安装程序，并根据安装向导进行操作即可。

（二）监控软件的设置

1．视频通道和视频源

（1）视频通道：通常指视频采集卡或压缩卡的通道。其值反映为进入主界面后能显示的画面数量。该数值不能大于视频采集卡或压缩卡的实际数。

视频通道的设置对话框如图 2-22 所示。

图 2-22　视频通道设置对话框

其中的选项含义如下：

编号：监控设备的 ID 号，是大于 0 的整数，系统通过它来识别不同的监控设备。它必须唯一，可由系统自动生成，最好是从 1 开始按顺序编。

名称：为便于用户识别而给各设备取的名字。它对系统的运行无任何影响，其作用是方便管理。使用时可根据实际情况设置视频源名称。例如"一楼走廊东头快球"。

通道类型与板卡类型：根据实际使用及物理设备进行配置，无需改动。

音频：决定录像时声音是否生效。

分组、监控单元及网络通道号：暂不用。

读取级别：读取该设备所需的最低的用户级别。也就是说，当用户的级别低于此级别时，用户就看不到此设备。

操作级别：操作该设备所需的最低的用户级别。也就是说，当用户的级别低于此级别时，用户就不能操作此设备。

监控设备：它包括解码器、矩阵、球机、矩阵键盘、报警盒等与监控主机连接的外围设备。通过这些监控设备的支持，可大大提升系统功能。

监控节点：通常指监控设备的输入、输出。监控节点在添加监控设备时自动添加，而且可以对其进行修改，例如删除不用的监控节点，修改节点名称等。

通道属性：包括三个开关型分量。"录像"决定该通道是否可以录像；"显示"决定是否可以回显；"远传"决定该通道是否可以被网控端作为矩阵切换的通道而将视频源发送到网络。

码流：设置该路视频存储及传送图像的码率。级别越高，图像质量越好，码率也越高，相应的存储空间越大，网传时占用的带宽越多。

量化系数：与选择的板卡有关，一般无需改动。

视频通道扩展对话框如图 2-23 所示。

配置视频通道的扩展属性，主要包括帧率、局部屏蔽、动态检测精度三个参数。

帧率：确定该路通道录像或远传时每秒处理的帧数，范围为 1～25，默认为 25，帧率越高，

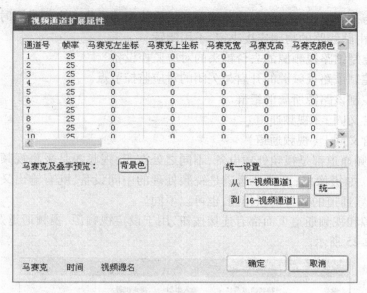

图 2-23　视频通道扩展对话框

实时性越高,存储空间占用大,网络流量大。

局部屏蔽:包括屏蔽部分的大小、位置、颜色、用于屏蔽的图片路径及屏蔽是否生效。

图片路径通过浏览查找得到,要使屏蔽生效,必须在屏蔽是否生效中选"√"。

动态检测精度:包括5项内容,其中MPEG1卡使用"动态检测精度"作为单一的精度参数,取值范围为1~100,数值越小,精度越高。MPEG4卡使用其他4项,其中"精度级别"取值范围为0~6,数值越小,精度越高;"阈值"相当于一个"门槛",当图像发生细微变化没有越过此"门槛"时,这些变化将被忽略,越过此"门槛"而没达到"精度级别"所限定的标准时,这些细微变化将被累积起来,最终能够引起动态告警;低速检测帧率和高速检测率一般使用默认值即可。

(2)视频源:通常指摄像机,有多少摄像机就对应有多少视频源。要注意的是视频源与视频通道是有区别的,视频源的数量可以与视频通道的数量不相同,但需要其他相应的设置。

视频源的设置对话框如图2-24所示。

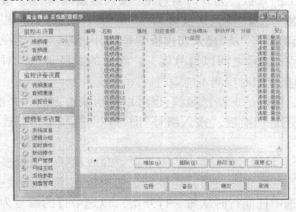 

图 2-24　视频源设置对话框

其中的选项含义如下:

编号与名称:含义同上(视频通道)。

属性:暂不用。

对应音频:与视频源相对应的音频源编号。目前使用的采集卡大都是同时采集音视频,音频和视频的关联由路线路的物理连接决定,不用配置。

云台镜头:控制该路视频源的云台镜头的对应监控设备。

联动开关:控制该路视频源的开启与关闭的对应监控节点。

所属分组:控制该路源所属的组群。

读取级别:含义同上(视频通道)。

操作级别:含义同上(视频通道)。

视频源和视频通道都是视频处理设备,不同之处在于:视频源是采集视频的源头设备,没有输入只有输出,如摄像机;而视频通道是视频处理的中间设备,既有输出又有输入,如采集卡。视频源和视频通道的数目可以相同,也可以不同。

连接:视频源和视频通道页面都有连接按钮,用于设定视频源、视频通道及切换板之间的连接关系,如图2-25所示。

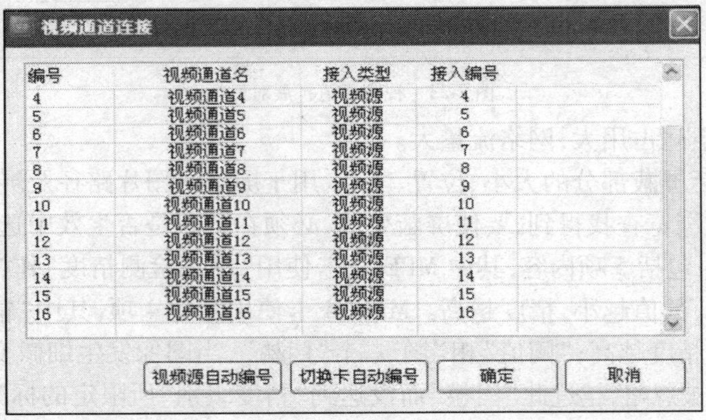

图2-25 视频通道连接情况

每路视频源可以连接一个或多个视频通道,也可以连接一个或多个切换板的输入端口,或者同时连接视频通道和切换板。其中的"**通道数量**"和"**切换板路数**"即连接到该路视频的通道和切换板的路数,可以为0、1及大于1的整数。为0时对应的"**接入通道编号**"及"**接入切换板编号**"不起作用;为1时"**接入通道编号**"及"**接入切换板编号**"是与该路视频直接相连的通道与切换板的编号;大于1时"**接入通道编号**"及"**接入切换板编号**"的内容是与该路视频相连接的全部通道和切换板的编号。不同的编号之间以逗号隔开。编号的数量必须与对应的"**通道数量**"或"**切换板路数**"一致,否则在应用时检测不能通过。

每路视频通道只能有一路视频输入,可以是一路视频源,也可以是切换板上的一路输出。其中,"**接入类型**"决定接入的是视频源还是切换板,"**接入编号**"即与该路视频通道相连的视频源或切换板的编号。

视频源和视频通道的连接都有一个自动编号的功能,适用于视频源或视频通道较多而连接又简单有序的场合。自动编号时,不管是视频源的通道连接还是切换板连接,都连接一路,并且从选中的行开始自动编号(当没有选中任何行时从每一行开始),以选中行的编号为初始值,以后依次递增。由于视频源连接的通道和切换板路数可以为0,视频源连接对话框还有通道和切换板自动清空功能,点击"**清空通道连接**"或"**清空切换板连接**"后,从选中行开始,后面的接入通道或接入切换板都将被清空。

当配置视频源连接到通道及通道连接到视频源时,两者的连接必须互相对应,否则在应用设置时检测不能通过。比如视频源连接中编号为 1 的视频源的**"通道数量"**为 4,**"接入通道编号"**为"1,2,3,4",则编号为 1、2、3、4 的视频通道的接入类型必须为**"视频源"**,接入编号必须是 1。

2. 音频源和音频通道

音频源和音频通道的参数用于配置声音文件,供其他配置(如联动声音)使用,使系统能够通过一个声音编号找到对应的声音文件的路径播放该文件。

另外,目前使用的采集卡一般都是音视频同时采集,音频无需设置。

(三)运行软件

以黄金视讯金保系列监控软件为例,其运行方法有如下两种:

(1)双击桌面上" "图标。

(2)单击打开**"开始菜单"**,依次指向**"程序"→" 金保系列 GEV 数字硬盘录像系统"**,单击**"金保系列 GEV 数字硬盘录像系统 5.04"**快捷方式。

无论用什么方式打开,如果没有将软件设置为自动登录都会弹出如图 2-26 所示的登录对话框。

在"用户名"和"密码"框中输入正确的信息后单击确定,软件会开始进行检测,如图 2-27 所示。检测成功后自动登录到监控画面(如果将软件设置为自动登录,就不会出现登录对话框)。

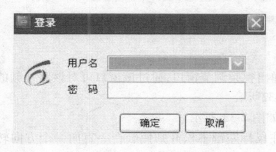

图 2-26 登录对话框

图 2-27 登录验证检查界面

当软件成功检测完成,就可以进入监控主界面,如图 2-28 所示。

(四)退出软件

若要退出该软件,只要点击系统主界面右下角的 退出按钮 ,在弹出的对话框 2-29 中选取有退出权限的用户并输入正确的密码,单击"确定",在弹出的提示对话框中点击"是"即可退出系统。

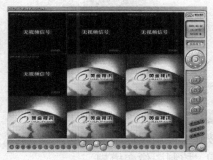

图 2-28 监控主界面

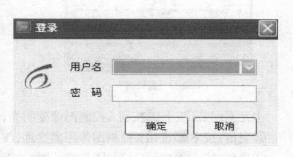

图 2-29 退出对话框

任务二　黄金视讯金保系列监控软件的操作

1. 多画面按钮切换区

本系统最多支持24路视频信号,可以单画面、四画面、六画面、九画面、十六画面、二十五画面形式显示,通过切换按钮选择。鼠标在各按钮上停留片刻,会出现提示信息,如图2-30所示。

图2-30　多画面切换按钮区

2. 视频通道状态区

如图2-31所示,该区用了显示视频通道状态,黑色(图中2、3、4)为等待状态,红色(图中1)为录像状态,灰色(图中5~12)表示不可用。

图2-31　视频通道状态

3. 视频调节、云台控制、镜头调节区

(1)视频调节:单击 视频调节 按钮会弹出视频调节窗口,通过该窗口可对该路视频的亮度、对比度、饱和度以及色调进行调整,如图2-32所示。

(2)云台控制:该功能位于主界面右上角,如图2-33所示。

点击按钮,云台会朝相应的方向转动,按住鼠标左键不松开则使云台一直向一个方向转动,松开鼠标左键即停止转动。点击按钮 云台会在左右转动的范围内连续转动。

(3)镜头调节:该功能位于主界面右下角,如图2-34所示。

图2-32　视频调节

图2-33　云台控制

图2-34　镜头调节

①光圈调节:按下 按钮,控制图像变明亮;按下 按钮,控制图像变暗。
②变倍:按下 按钮,控制图像距离变远;按下 按钮,控制图像距离变近。
③聚焦:按下 按钮,控制图像变清晰;按下 按钮,控制图像变模糊。

4. 录像设置

录像有手动录像、定时录像和联动录像三种方式。

手动录像按钮,其功能与右键菜单中的录像选项类似,不同的是右键菜单中的录像选项只对所选通道有效,而该按钮对所有通道(除定时外)有效。

点击"录像"按钮所有通道开始录像,再次点击该按钮则停止录像。

5. 录像检索

点击"检索"按钮,验证身份密码后会弹出如图 2-35 所示的检索模块。

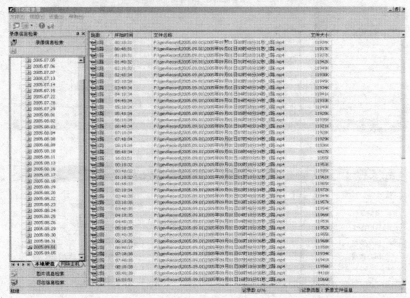

图 2-35 录像检索

检索模块窗口中包括录像信息检索、图片信息检索、日志信息检索三个选项。

录像信息检索选项用于对系统所录的文件进行检索查看。此画面是检索模块的默认画面。打开录像信息检索后,在窗口的左侧双击本地硬盘,其下方会弹出一个以日期命名的文件夹列表,再次双击其中的一个文件夹,在窗口的右侧会列出该日期所有的录像文件。录像文件可以按照序号、路数、开始时间、文件名称、文件大小等方式进行排序,方法是单击相应的列名称即可。默认状态下以序号排序,该序号是录像文件的产生顺序。

6. 软件设置

点击"设置"按钮,会弹出黄金视讯监控系统配置程序,其中包括:系统信息、定时操作、联动操作、用户管理等设置对话框,默认状态下显示的是系统信息,如图 2-36 所示。

系统信息设置参看 CONFIG 高级设置程序,如在此处设置,需保存,确定后方可生效。定时操作设置如图 2-37 所示。

在"定时操作"选项中:

定时操作是指对视频及报警设备在设定时间范围内工作状态的设置,分为定时录像、定时不录像、定时动态检测和定时布/撤防等。

"定时类型"设置可对每路视频的工作状态进行灵活设置,选择包括:

(1)每天某时到某时录像、不录像或动态检测。

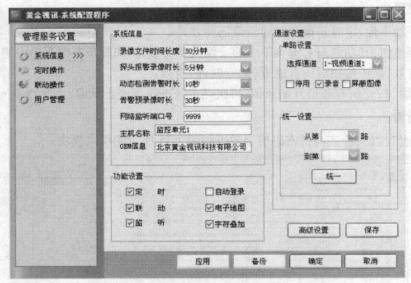

图 2-36　软件设置

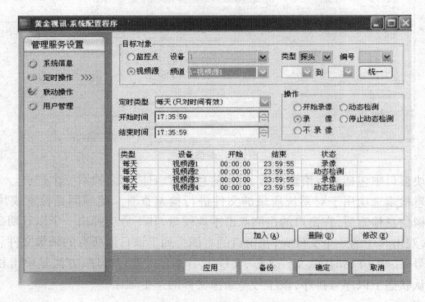

图 2-37　定时操作设置

（2）每星期几的某时到某时，某月几号到几号某时到某时录像、不录像或动态检测（每项设置均可设置多个时间段）。

设置时要注意的是：

①当设置时间出现交叉时，则下一级比上一级优先级高。即优先级从高到低为：某月某日→每月某日→每星期几→每天；

②当同一优先级的设置出现交叉时，则先执行在设置显示栏中最下的（即后加入的）。

当需要添加设置时，先设置好时间及状态，点击"加入"按钮即可；当需要删除设置时，先选中要删除的时间段，点击"删除"按钮即可；当需要修改设置时，先选中要修改的时间段，然后更改时间及状态，点击"修改"即可（当设置多路相同时可选择统一频道）。

项目三 监控画面的转换

要求：能够正确地辨认主监控器和次监控器，并能够正确地实现位置的转换。
监控分中心和收费站监控室如图 2-38 及图 2-39 所示。

图 2-38 监控分中心电视墙

图 2-39 收费站监控室

知识点：
1. 认识各种型号的监视器；
2. 熟悉监视器的主要技术指标。

能力测试：
1. 制作视频头；
2. 能够正确地配置主监视器和次监视器功能的转换。

学生测评：

知识点测评	项目	考核等级			总分
		准确性 (10分)	全面性 (10分)	完整性 (10分)	
知识点考查 （占30%）	认识各种型号的监视器				
	监视器的各项技术指标				
	平均分值				
能力测评	项目	成功性 (20分)	速度性 (20分)	熟练性 (20分)	精美性 (10分)	总分
能力考查 （占70%）	制作视频头					
	正确地配置主监视器和次监视器功能的转换					
	将摄像机所摄画面显示到监视器上					
	平均分值					
项目总结	总得分					

备注
准确性：对知识点掌握的正确与否。
全面性：对于分项目的整体把握。
完整性：对于分项目的微观认识。
成功性：作品的是否制作成功，能够实现电气功能。
精美性：对于作品的外观认识。

任务　BNC接头的制作

BNC接口是一种用于同轴电缆的连接器,如图2-40所示。

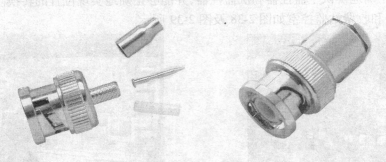

图2-40　BNC接头

视频信号传输一般采用以基带频率(约8MHz带宽)形式的直接调制技术,最常用的传输介质是同轴电缆。同轴电缆是专门设计用来传输视频信号的,其频率损失、图像失真、图像衰减的幅度都比较小,能很好地进行传送视频信号。

视频信号传输线有同轴电缆(不平衡电缆)、平衡对称电缆(电话电缆)、光缆。平衡对称电缆和光缆一般用于长距离传输。

监控系统中使用的视频同轴线缆如图2-41所示。

图2-41　视频同轴线缆

BNC接头制作步骤如下:

(1)用壁纸刀剥开线缆外护套,将屏蔽网在线缆一侧理顺,可割断另一侧部分屏蔽网,但注意不能割伤绝缘层,注意不能有毛刺。绝缘层高出外护套约3mm,如图2-42所示。

图2-42　剥开线缆外护套

(2)用尖头电烙铁给整理过的屏蔽网线和芯线上锡。注意屏蔽网上锡时不能太厚,如太厚可能造成BNC接头的丝帽拧不上,可适当减少屏蔽网的根数和将屏蔽网焊扁,如图2-43所示。

图 2-43　整理屏蔽网线和芯线上锡

(3)将上过锡的屏蔽网和芯线用斜口钳剪断,屏蔽网和芯线分别留长约 7mm 和 3mm,如图 2-44 所示。

图 2-44　屏蔽网和芯线用偏口钳剪断

(4)用电烙铁给 BNC 接头上锡,一定要有足够的锡以保证焊接强度,如图 2-45 所示。

图 2-45　焊接 BNC 接头

(5)将上过锡的线缆与上过锡的 BNC 接头直接焊接,整理毛刺,如图 2-46 所示。

图 2-46　整理 BNC 接头

项目四　视频切换矩阵控制键盘的操作

视频切换矩阵控制键盘是一种功能强大的多功能操作键盘,与矩阵切换/控制系统兼容。控制键盘可调用所有的摄像机、编程监视器切换序列和控制解码器和高速球,如图 2-47 所示。控制键盘能改变系统的时间、日期、摄像机条目并能对系统进行编程;能设置预置点和选择监视器,可控制包括巡视和报警的所有系统功能;控制功能包含液晶显示区显示当前受控的监视器、显示摄像机号以及从键盘输入的数字。键盘具有操作保护功能、多协议、多波特率可选。

图 2-47 美国动力视频切换矩阵控制键盘

知识点:

1. 了解视频矩阵切换器;
2. 了解视频矩阵切换键盘。

能力测试:

1. 能够准确调出所需的视频画面;
2. 能够准确地对发生异常情况的路况进行监视。

学生测评:

知识点测评	项目	考核等级			总分
		准确性 (10 分)	全面性 (10 分)	完整性 (10 分)	
知识点考查 (占 30%)	视频切换器的原理				
	视频切换器的种类				
	了解矩阵控制键盘				
	平均分值				
能力测评	项目	成功性 (20 分)	速度性 (20 分)	熟练性 (20 分)	完整性 (10 分)	总分
能力考查 (占 70%)	准确调出所需的视频画面					
	准确地对发生异常情况的路况进行监视					
	平均分值					
项目总结	总得分					

备注

准确性:对知识点掌握的正确与否。
全面性:对于分项目的整体把握。
完整性:对于分项目的微观认识。
成功性:作品的是否制作成功,能够实现电气功能。
精美性:对于作品的外观认识。

任务一 视频切换矩阵键盘的使用

要求:通过视频切换矩阵键盘的操作,能够正确地显示选定的某一路图像。

键盘按键及功能说明见图 2-48。

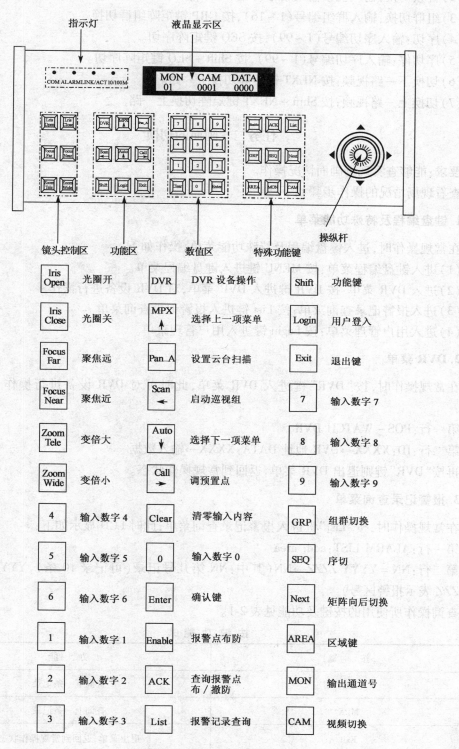

图 2-48 键盘按键功能说明

31

键盘对矩阵的操作步骤：

（1）输出通道号：输入 1~99 的数字，按 MON 键选择监视器号。

（2）视频切换：输入视频输入编号（1~1024），按 CAM 键切换矩阵。

（3）组群切换：输入群组编号（1~16），按 GRP 键矩阵组群切换。

（4）序切：输入序切编号（1~99），按 SEQ 键矩阵序切。

（5）序切停：输入序切编号（1~99），按 Shift + SEQ 键矩阵序切。

（6）切换下一路视频：按 NEXT 键矩阵切换下一路。

（7）切换上一路视频：按 Shift + NEXT 键矩阵切换上一路。

任务二　画面的切换

要求：能够查看现场画面情况操作。

查看现场情况的操作步骤如下：

1. 键盘编程及特殊功能菜单

在常规操作时，进入键盘编程及特殊功能菜单，操作如下：

（1）进入键盘编程菜单：按 MENU 键进入键盘编程菜单。

（2）进入 DVR 菜单：按 DVR 键进入 DVR 菜单，对 DVR 设备进行操作。

（3）进入报警记录查询菜单：按 List 键进入报警记录查询菜单。

（4）进入用户管理菜单：按 Login 键进入用户管理菜单。

2. DVR 菜单

在常规操作时，按"DVR"键进入 DVR 菜单，此时可对 DVR 设备进行操作。键盘显示如下：

第一行：POS – WATCH DVR

第二行：ID：XXXX→DVR 地址 DATA：XXXX→输入数据

再按"DVR"键则退出 DVR 菜单，返回到常规操作状态。

3. 报警记录查询菜单

在常规操作时，按"List"键进入报警记录查询菜单，此时 LCD 显示如下：

第一行：ALARM LIST：addr area

第二行：NN = YYYY ZZZZ→NN（其中：NN 第几号记录（可记录 10 条），YYYY 为报警地址，ZZZZ 表示报警区号）

查询操作所使用的按键及功能见表 2-1。

按 键 功 能 表　　　　　　　　　　　　　　表 2-1

按　　键	功　　能
Auto	查询下一条记录
MPX	查询上一条记录
Exit	退出菜单，返回到常规操作状态

4. 用户管理菜单

在常规操作时,按"Login"键进入用户管理菜单,此时 LCD 显示如下:

```
Please enter your

Password:
```

输入用户密码按"Enter"键锁定键盘或解锁键盘。

5. 比例操纵杆控制

当把操纵杆往不同方向偏时,云台就会相对应操纵杆的方向运动。如果操作的是变速云台,操纵杆偏离中心越大,云台速度就越快。对于三维摇杆,当把操纵杆中间圆柱往顺时针方向转时摄像机镜头变倍大,往逆时针方向转时摄像机镜头变倍小。注:当"DATA"栏非"0"时,"DATA"数据就是解码器地址;当"DATA"栏等于"0"时,"CAM"栏数据就是解码器地址。

6. 镜头控制

按住镜头动作键不放直到达到所需效果时放开。

镜头控制操作所使用的按键功能见表 2-2。

镜头控制按键功能表　　　　表 2-2

按　　键	功　　能
Iris Open	光圈开
Iris Close	光圈关
Focus Far	聚焦远
Focus Near	聚焦近
Zoom Tele	变倍大
Zoom Wide	变倍小

项目五　监控记录的填写

要求:模拟监控员工作现场,使学生了解工作的性质,培养良好的职业道德;能够熟练地填写监控记录,如表 2-3 所示。

××高速公路监控大厅（站）值班记录

表2-3

值班时间： 年 月 日 时 至 时　　星期：　　天气：　　当班班次：　　当班监控员：

当班情况记录						
分中心情况	情报板信息发布内容					
	CMS1:	CMS2:	SCMS1:	SCMS2:		
	SCMS3:	SCMS4:	SCMS5:	SCMS6:		
	紧急电话接听记录					
	时间	车牌号	来电内容	处理办法		
收费站情况	监控员离岗登记					
	离岗时间	单位	姓名	离岗事由	回岗时间	

续上表

来电时间	来电单位（个人）	来电内容	承办情况	外来人员登记		
				时间	单位（个人）	简单事由

设备运行情况：

重大事项记录备查：

致电时间	接单单位（个人）	致电内容	情况反馈

交接班时间：

机房卫生状况：

系统运行情况：

各种物品是否齐全：

须移交事项：

交班人签字： 接班人签字：

知识点：

1. 了解高速公路监控员和维护员的岗位职责；
2. 熟练掌握高速公路监控员和维护员的职业技能。

能力考核：

1. 监控员能够熟练地填写监控记录表格；
2. 对于突发事件，可以迅速地做出处理决定；
3. 能够保证各项监控系统设备正常运行，出现状况时可以提出故障处理意见。

学生测评：

知识点测评	项目	考核等级			总分
		准确性（10分）	全面性（10分）	完整性（10分）	
知识点考查（占30%）	掌握监控员的工作职责				
	掌握监控系统维护员的工作职责				
	掌握各种类型的监控系统的维护要求				
	平均分值				
能力测评	项目	成功性（20分）	速度性（20分）	熟练性（20分）	精美性（10分）	总分
能力考查（占70%）	准确填写监控记录					
	掌握处理各种突发事件的流程					
	掌握常用监控系统设备的常见故障和处理方法					
	平均分值					
项目总结	总得分					

备注

准确性：对知识点掌握的正确与否。
全面性：对于分项目的整体把握。
完整性：对于分项目的微观认识。
成功性：作品的是否制作成功，能够实现电气功能。
精美性：对于作品的外观认识。

第三部分　图形监控软件的操作

项目一　TCO 的操作

要求：能熟练地识别道路的运行状况，如图 3-1～图 3-3 所示。

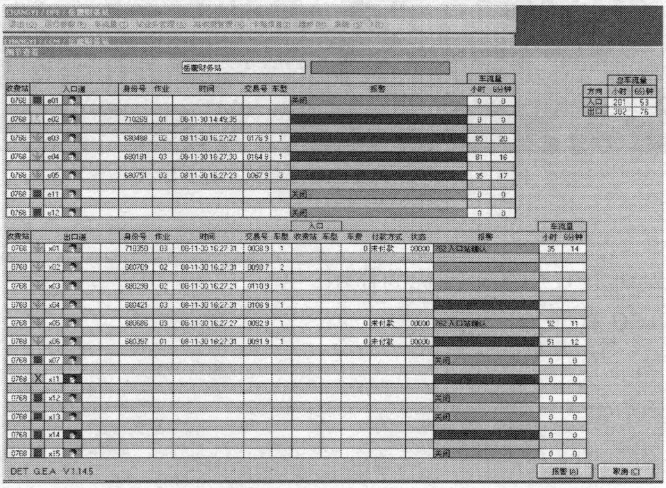

图 3-1　TCO 的屏幕显示

图 3-2　车辆出现异常情况时监控软件显示

知识点：

1. 了解高速公路图像监控软件的组成；
2. 掌握高速公路图形监控软件的功能；
3. 掌握 TCO 中各个图标的意义。

图 3-3 车辆出现异常情况时抓拍镜头显示

能力测试：

1. 能够熟练地识别 TCO 中各个图标的作用；
2. 熟练地操作 TCO 软件。

学生测评：

知识点测评	项目	考核等级			总分
		准确性 （10 分）	全面性 （10 分）	完整性 （10 分）	
知识点考查 （占 30%）	高速公路图像监控软件的组成				
	高速公路图形监控软件的功能				
	TCO 实时监控软件中各个图标的意义				
	平均分值				
能力测评	项目	成功性 （20 分）	速度性 （20 分）	熟练性 （20 分）	完整性 （10 分）	总分
能力考查 （占 70%）	熟练地识别 TCO 中各个图标的作用					
	熟练地操作 TCO 软件					
	平均分值					
项目总结	总得分					

备注

准确性:对知识点掌握的正确与否。
全面性:对于分项目的整体把握。
完整性:对于分项目的微观认识。
成功性:作品的是否制作成功,能够实现电气功能。
精美性:对于作品的外观认识。

任务　TCO 实时监控

1. TCO 的登录

TCO 是收费站的实时监控管理应用程序，主要用于查看车道交易的实时信息、收费站发生的报警、事件信息，相应车道提出的确认请求。

2. TCO 登录的操作流程

在进行实时监控管理时，需要登录 TCO 进行操作，登录的具体操作流程如图 3-4 所示。

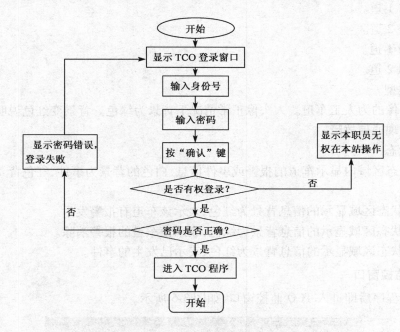

图 3-4　TCO 的操作流程

3. TCO 登录的操作界面

TCO 登录的具体操作步骤如下：

（1）输入身份号（6 位数字）。

（2）输入密码（8 位数字）。

登录后 TCO 的显示内容如图 3-5 所示。

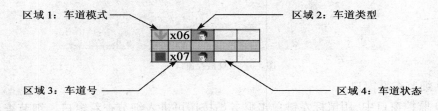

图 3-5　TCO 显示说明

1）车道模式

当车道模式为营运时：

▨：雨棚信号灯为绿色。
☒：雨棚信号灯为红色。

当车道模式为维修、模拟时：

▨：黄色大写字母 M。

当车道模式关闭时：

☒：车道状态框显示为"关闭"。

▪：红色方块。

2）车道号

E01：入口 1 道。
E02：入口 2 道。
X01：出口 1 道。
X02：出口 2 道。

3）车道类型

显示人头像的为人工车道。人头像正常情况下背景为绿色。背景变红色说明车道票据打印机缺纸或出现通信故障。

4）车道状态

在车道状态区域内显示车道的报警或事件信息，白色的背景为事件，红色背景和绿色背景为报警。

（1）车道状态区域显示的信息背景为红色，表示该车道有报警发生。
（2）车道状态区域显示的信息背景为绿色，表示该车道的报警消除。
（3）车道状态区域显示的信息背景为红色，表示已发生的事件。

4. TCO 监控窗口

登录工作程序后即进入 TCO 监控窗口，如图 3-6 所示。

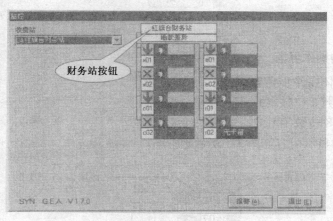

图 3-6　TCO 监控窗口

1）TCO 细节查看窗口

在 TCO 监控窗口中，用鼠标左键单击财务站按钮可进入细节查看窗口。细节查看窗口显示车道的实时交易信息，通过观察代码可以了解交易的详细信息。

2）实时报警信息查询

在 TCO 监控或细节查看窗口中，将鼠标指针指向"报警"按钮，单击鼠标左键，即在弹出的报警窗口中显示本站最近时间内20条报警信息。

3）入口站的确认

入口站确认的几种情况：

在TCO中需要对超时卡、不可读卡、车牌号差异、U形行车的车辆进行入口站确认，确定其应缴通行费的入口站。

需要进行入口站确认时，在TCO工作站的显示屏幕上，弹出一个"入口站确认"的窗口。在"入口站确认"窗口上，显示车道上传来的卡号、入口站号以及出口车牌信息。系统可自动通过计算机网络到相应入口站查询对应的交易信息，并把入口图形显示在TCO入口站确认窗口中。

系统没有自动查询到数据时，按"查询"按钮，按照入口数据查询相应站，将结果显示出来。

入口数据框中的收费站是需要查询的入口收费站的名称，是从车道上传来的，也可以实际申报的收费站来选择。

确认站是指实际应收通行费的收费站，包括网络中的虚拟站。

选定确认站后，按"确认"按钮，车道将按监控员确认的入口站收费。

4）入口站确认的操作界面

TCO工作程序显示要求入口站确认屏幕如下：

（1）当有需要确认的事件发生时，TCO屏幕显示如图3-7所示。

图3-7 需要"确认"时TCO屏幕显示

（2）系统自动查询入口站车辆交易信息。

（3）查询到入口信息后，系统会将查询结果显示在TCO屏幕上。

（4）没有查询结果，按"查询"键，或者根据实际情况选择其他入口站继续查询。

（5）查询到入口信息后，根据实际情况选择一个确认站，对车辆进行收费或放行。

项目二　CCM的操作

要求：能熟练地进行卡箱的管理（CCM）操作，如图3-8所示。

知识点：

1. 了解高速公路征费的方式；
2. 掌握卡箱的管理方法；
3. CCM的功能。

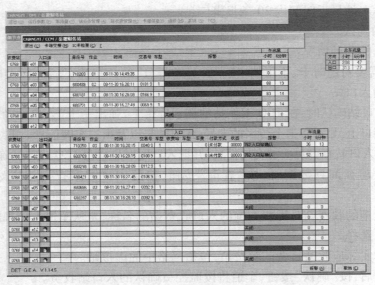

图 3-8 CCM 的屏幕显示

能力测试：

1. 熟练地对卡箱进行调入、调出；
2. 熟练地掌握车道卡箱的操作；
3. 熟练地掌握站 CCM 的操作。

学生测评：

知识点测评	项目	考核等级			总分
		准确性（10 分）	全面性（10 分）	完整性（10 分）	
知识点考查（占 30%）	高速公路征费的方式				
	高速公路卡箱的管理方法				
	图像监控软件 CCM 的功能				
	平均分值				
能力测评	项目	成功性（20 分）	速度性（20 分）	熟练性（20 分）	完整性（10 分）	总分
能力考查（占 70%）	对卡箱进行调入、调出					
	车道卡箱的操作					
	站 CCM 的具体操作					
	平均分值					
项目总结	总得分					

备注

准确性：对知识点掌握的正确与否。
全面性：对于分项目的整体把握。
完整性：对于分项目的微观认识。
成功性：作品的是否制作成功，能够实现电气功能。
精美性：对于作品的外观认识。

任务　CCM 的操作

CCM(即卡与卡箱管理应用程序),主要完成收费站的卡箱发送、卡箱接收、通行卡回收等功能。

1. CCM 登录的操作流程

在进行卡箱的管理时,需要登录 CCM 进行操作,登录的具体操作流程如图 3-9 所示。

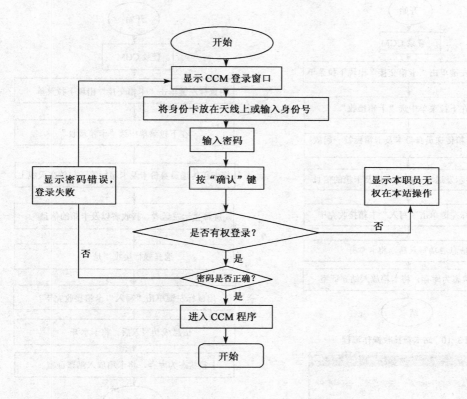

图 3-9　CCM 登录流程图

2. 卡箱接收操作流程

收费站接收分中心送来的卡箱,或本站车道取出的卡箱要入库时,要用卡箱接收功能,具体流程如图 3-10 所示。

3. 卡箱接收界面

登录 CCM,用鼠标指针单击"卡箱交接",即显示出卡箱交接操作界面。
(1)选择"卡箱接收"。
(2)将准备接收的卡箱标签和卡箱传递员的身份卡一起放在天线上。
(3)传递员的身份卡与卡箱标签记录的一致,准备写入接收数据。
(4)单击"写入",写入卡箱接收数据。

(5)写入成功后,将卡箱标签和身份卡拿开,则出现如图 3-11 所示显示。
(6)按"确认"键。
(7)按"退出"键,推出卡箱接收。回到 CCM 操作界面。

4. 卡箱强行接收流程操作

当送到本站的卡箱没有卡箱传递员身份卡,或卡箱传递员身份卡与卡箱标签中记录的不符,而本站又急需卡箱时,可用卡箱强行接收功能。具体流程如图 3-12 所示。

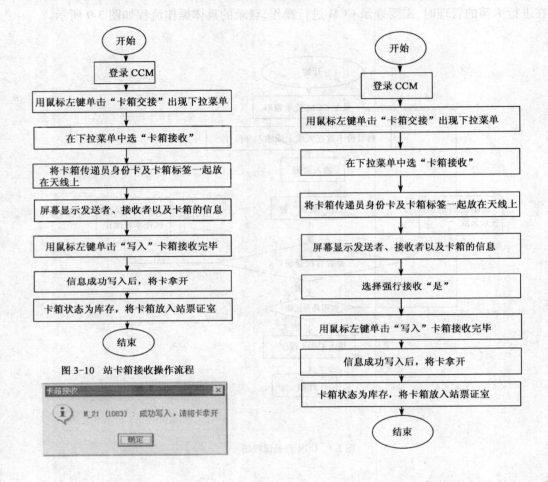

图 3-10 站卡箱接收操作流程

图 3-11 站卡箱接收操作

图 3-12 站卡箱强行接收操作流程

5. IC 卡检查操作流程

当需要知道 IC 卡目前处于什么状态时,可使用 IC 卡检查功能检查通行卡、身份卡、公务卡、卡箱标签、储值卡等。

注:做完卡箱的发送、接收操作后,一定要检查卡箱标签的状态和卡箱标签记录得卡数是否与实际相符,确认卡箱操作准确无误。

检查方法如图 3-13 所示。

6. 通行卡的接收

该功能用于将收费员做 TOD 上缴的通行卡进行回收,并计入到系统中。回收后的通行卡状态为箱外散卡。在局中心统计时,不再将回收卡视为丢失卡。

在操作过程中,对于不能被 IC 卡天线正常读写的上交卡,需要以手工方式输入 IC 卡序列号。对驾驶员已赔偿的残卡(卡已经被驾驶员拿走)同样手工输入记录的 IC 卡序列号。

通行卡回收操作具体流程如图 3-14 所示。

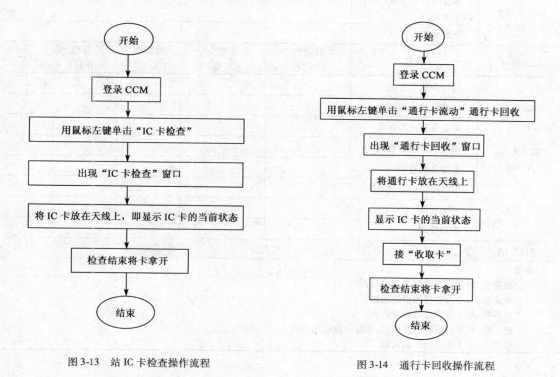

图 3-13　站 IC 卡检查操作流程　　　　图 3-14　通行卡回收操作流程

项目三　OPE 的操作

要求:能够熟练地查询本班次各车道的车流量和收入,如图 3-15 所示。

知识点:

掌握收费业务管理工作站(OPE)软件的功能使用。

能力测试:

1. 熟练掌握运行参数的查询;
2. 熟练掌握车流量的查询;
3. 熟练掌握站业务管理的查询;
4. 熟练掌握站收费管理的查询;
5. 熟练掌握卡信息的查询;
6. 熟练掌握事件报警信息的查询;
7. 熟练掌握系统查询。

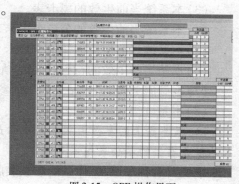

图 3-15　OPE 操作界面

学生测评：

知识点测评	项 目	考核等级			总分
		准确性 （10分）	全面性 （10分）	完整性 （10分）	
知识点考查 （占30%）	掌握收费业务管理软件 OPE的功能				
	平均分值				
能力测评	项目	成功性 （20分）	速度性 （20分）	熟练性 （20分）	完整性 （10分）	总分
能力考查 （占70%）	运行参数的查询					
	车流量的查询					
	站业务管理的查询					
	站收费管理的查询					
	卡信息的查询					
	事件报警信息的查询					
	系统查询					
	平均分值					
项目总结	总得分					

备注

准确性：对知识点掌握的正确与否。
全面性：对于分项目的整体把握。
完整性：对于分项目的微观认识。
成功性：作品的是否制作成功，能够实现电气功能。
精美性：对于作品的外观认识。

任务 OPE 的操作

在进行收费业务操作时，首先要登录 OPE。登录 OPE 的具体操作流程如图 3-16 所示。

1. 运行参数查询

运行参数查询的内容包括：
（1）本站当前使用的费率表。
（2）本系统当前生效的授权职员表。
（3）本系统当前生效的黑卡表。
（4）本系统当前生效的公务卡黑卡表。
（5）本系统当前生效的储值卡黑卡表。
（6）本站当前生效的行程时间表（最大形成时间和最小形成时间）。
（7）本站服务器、工作站上的当前参数表版本。
（8）本系统当前生效的公务表。

注：服务器上的参数表版本是中心最新下发的参数表，所有车道和工作站的参数表版本以本站服务器上的参数表版本为准。

系统要求各车道、工作站的参数表版本与服务器必须保持一致，以保证车道使用的系统参数表是最新的。当发现参数表版本不一致时，必须立即报告维护人员查明原因。

2. 运行参数查询操作流程

运行参数查询具体操作流程如图 3-17 所示。

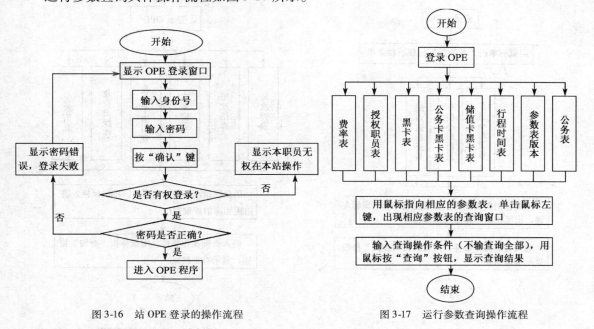

图 3-16 站 OPE 登录的操作流程　　图 3-17 运行参数查询操作流程

3. 车流量查询

车流量查询内容包括：

(1) 本站车道小时车流量：除本站全部或部分车道在某个时间段内的车流量和违章窗口车辆数据（纯粹违章）。

(2) 本站车型小时车流量：本站全部或部分车道在某个时间段的按车型分类的车流量数据。

(3) 起点站车流量：指定时段内从本站出口通行的车流量数据（按车型统计）。

(4) 车道小时车流量、车型小时车流量：在给出数据的同时，可以用图表形式显示查询结果。

车流量查询操作流程如图 3-18 所示。

4. 站业务管理查询

站业务管理是 OPE 的重点，利用该功能可以查询车辆通行的全部信息，如班次列表、班次结算、交易信息、收费车道事件及车辆通行信息。站业务管理查询流程如图 3-19 所示。

(1) 班次列表功能：显示收费站的班次信息，通过单击相关按钮即可显示选择班次的交易信息、班次结算信息。

(2) 班次结算功能：显示指定班次内的各种收费和事件信息汇总。

(3) 交易信息的功能：显示所有符合选择条件的具体交易。

(4) 收费车道事件的功能：可查询显示不同收费设备上的指定事件信息。

(5) 收费员操作的功能：可查询指定时段内指定收费员的收费操作情况统计。

在查询交易中，可以显示交易的对应图像，输入或选择查询条件。选择查询条件时，要双击条件使之变红。所有查询条件选择完毕后，单击"确认"即可显示查询结果。

47

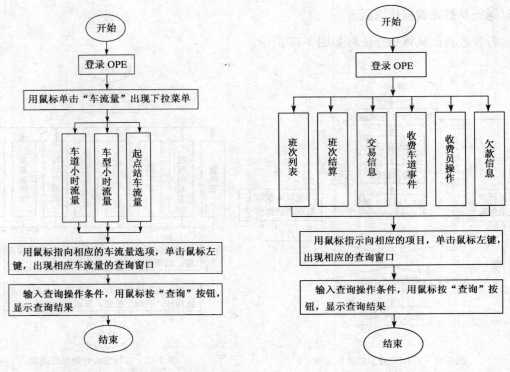

图 3-18 车流量查询操作流程　　　　图 3-19 站业务管理流程

在查询过程中输入日期和时间时，要按照"日-月-年,时:分"的格式输入。例如：22-07-2003 01：00。

5. 站收费管理查询

利用站收费管理可查询指定时段收费员的收费情况、缴款与系统计算的差异情况；查询指定时间段内的站收费额统计信息；查询本站指定时间段的银行缴款汇总信息。查询操作流程如图 3-20 所示。

6. 卡箱信息查询

利用卡箱信息查询功能可查询指定时段全部或部分卡箱的详细信息；查询属于本站所有处于库存、流动、使用状态的卡箱信息。卡箱流动单显示本站卡箱的流动过程。卡箱单显示本站当前的卡箱数量、可用通行卡数量。

卡箱信息查询流程如图 3-21 所示。

7. 事件报警信息查询

在这项功能中应先定义报警条件，以确定相应的报警记录是否在报警记录查询中显示。对可显示的报警记录查询指定时段符合条件的报警做记录；对指定时段的报警记录进行统计汇总。

事件报警信息查询流程如图 3-22 所示。

8. 系统管理

系统管理可以在站与分中心计算机网络中断的情况下通过磁盘接收参数表发送本站数据；在站服务器与车道网络中断情况下利用磁盘下发车道参数表，将车道数据恢复到站服务器中；格式化磁盘。该功能由维护员完成。

系统管理流程如图 3-23 所示。

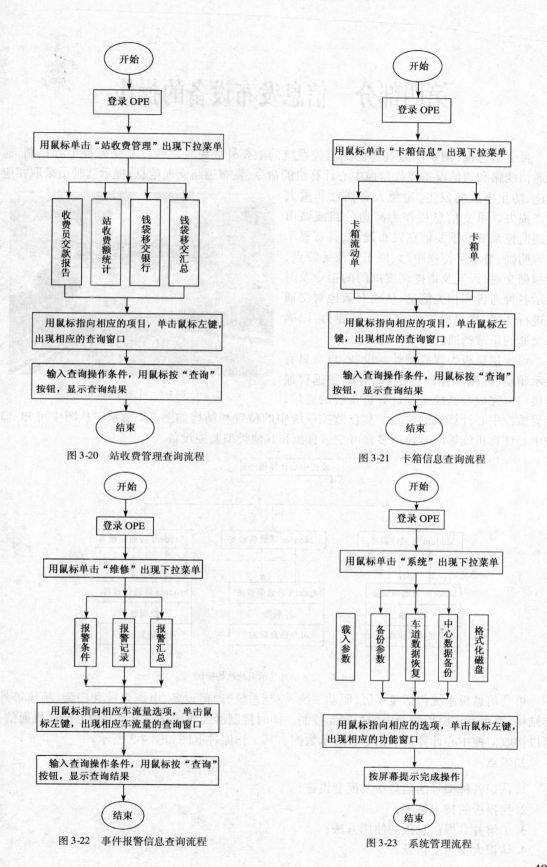

图 3-20 站收费管理查询流程

图 3-21 卡箱信息查询流程

图 3-22 事件报警信息查询流程

图 3-23 系统管理流程

49

第四部分　信息发布设备的操作

可变信息板(图4-1)是高速公路监控系统的重要外场设备之一。它受监控中心控制,通过通信线路和通信设备接收监控中心计算机的命令,发布道路交通信息,提示驾驶员采取相应措施,防止事故的发生,避免人身伤亡和重大财产损失。可变信息板作为高速公路或城市交通监控系统的重要信息发布设备,具有显示内容明确、显示字符视距远、便于更改等特点,能根据交通、天气及指挥调度部门的指令及时显示各种通告和相关信息,从而有效地对交通流进行诱导、提高路网的交通运输能力,以确保交通的正常畅通。

可变信息板为智能型外场设备,自身具有显示驱动、检测和控制功能;同时配备远程通信接口以完成与监控中心计算机系统的通信,接受监控中心计算机的控制。其在监控系统中的位置和结构如图4-2所示。从图中可知:监控中心计算机能够同时控制多套可变信息板和其他类型监控设备。

图4-1　可变信息板

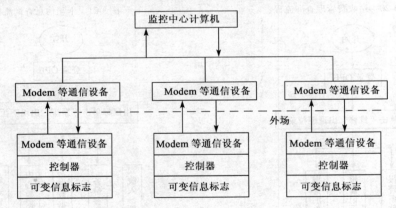

图4-2　交通信息显示系统结构框图

可变信息板系统包括显示屏、驱动系统、控制系统、通信设备、电源系统和门架、箱体等外形结构,整个系统由控制箱内的控制器控制。同时控制器经通信设备与监控中心计算机通信,可以接收监控中心计算机的指令和显示数据。其工作原理框图如图4-3所示。

知识点:

1. 认识各种型号的信息板及配套设施;
2. 情报板的技术标准;
3. 了解并掌握信息板的使用方法;
4. 认识大型可变信息板。

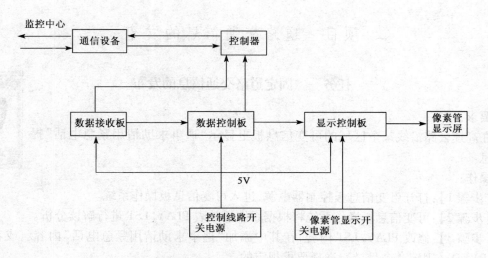

图 4-3 可变信息板工作原理框图

能力测试：

1. 完成固定道路交通信息的发布；
2. 完成紧急道路交通信息的发布。

学习测评：

知识点测评	项目	考核等级			总分
		准确性 （10分）	全面性 （10分）	完整性 （10分）	
知识点考查 （占30%）	掌握高速公路信息发布的分类				
	掌握高速公路信息板的技术指标				
	掌握信息板的分类				
	平均分值				
能力测评	项目	成功性 （20分）	速度性 （20分）	熟练性 （20分）	精美性 （10分）	总分
能力考查 （占70%）	编写交通情况信息					
	发布固定交通情况信息					
	发布紧急交通情况信息					
	熟练操作信息板					
	平均分值					
项目总结		总得分				

备注

准确性：对知识点掌握的正确与否。
全面性：对于分项目的整体把握。
完整性：对于分项目的微观认识。
成功性：能够准确地发布信息。
熟练性：对于发布的整体过程全部掌握无误。

51

项目　道路交通信息的发布

任务一　固定道路交通信息的发布

要求：

在高速公路沿线某个区域的可变信息板上显示"遇事求助请用紧急电话"提示信息。

操作：

【步骤1】：打开可变信息板控制器电源，进入可变信息板操作系统。

【步骤2】：可变信息板操作系统将根据系统播放表PLAY.LST进行解读分析。

【步骤3】：修改PLAY.LST内容，在其中添加"遇事求助请用紧急电话"内容。或者进入RESERVED\（固定命令目录），选择要求规定的。

【步骤4】：系统完成内容修改的同时，将重读其新内容并执行新的控制显示。

【步骤5】：重启动系统。

任务二　紧急道路交通信息的发布

要求：

在高速公路沿线某个区域道路施工维护，请在可变信息板上大字体显示"前方施工,封闭外车道"提示信息。

道路施工

操作：

【步骤1】：打开可变信息板控制器电源，进入可变信息板操作系统。

【步骤2】：可变信息板操作系统将根据系统播放表PLAY.LST进行解读分析。

【步骤3】：修改PLAY.LST内容，在其中添加"前方施工,封闭外车道"内容。

【步骤4】：进入可变情报板的控制器中ZK\目录和文件（字库目录）。

【步骤5】：系统完成内容修改的同时，将重读其新内容并执行新的控制显示。

【步骤6】：重启动系统。

【补充说明】

系统安装在可变信息板的控制器中，包括以下目录和文件：

ZK\——字库目录

ICON\——图标目录

RESERVED\——固定命令目录

HWXX.EXE——系统执行文件,XX为系统版本号

TYPE.INI——硬件结构配置文件

CMS1.INI——系统参数配置文件

CMS2.INI——用户参数配置文件

BRIGHT.TAB——亮度调节表

PLAY.LST——系统播放表

DEMO.LST——调试画面播放表

CMS.LOG——系统运行日志

其中:(1)ZK\目录中存放字库文件,字库命名方式。

汉字库名 = HZK + 宽度(2 个字节) + 高度(2 个字节) + 字体(1 个字节)

ASC 字库名 = ASC + 宽度(2 个字节) + 高度(2 个字节)

(2)ICON\目录中存放图标文件。

其格式为.BMP 文件格式,文件名为三个字符或数字。

(3)RESERVED\目录中存放固定命令文件,即预置的显示内容。

其格式同播放表,文件名为三个字符或数字。

可变情报板的控制器电子盘根目录中有一个自动启动批处理文件 C:\AUTOEXEC.BAT,其内容应为:

C:

CD\XXXX　　(该语句中的××××为系统所在的目录,如 HI\。)

HWXX.EXE　　(该语句中的××为系统版本号。)

HWXX.EXE　　(可带/G 参数进入图形模式。)

该自动启动批处理文件用于在情报板控制器送电启动或"看门狗"执行复位后,能自动执行可变情报板的实时操作系统。

第五部分　设备故障维护与保养

知识点：

1. 了解各种设备的常见故障现象；
2. 监控外场设备的维护；
3. 了解监控系统常见故障的解决办法；
4. 认识 DLP。

能力测试：

1. 完成云台常见故障的维护；
2. 完成后备电源的维护；
3. 完成监控系统设备常见故障的维护；
4. 完成监控系统设备日常的保养。

学习测评：

知识点测评	项目	考核等级			总分
		准确性 (10分)	全面性 (10分)	完整性 (10分)	
知识点考查 （占30%）	掌握监控设备的分类				
	掌握高速公路监控设备的技术指标				
	了解故障的现象				
	平均分值				
能力测评	项目	成功性 (20分)	速度性 (20分)	熟练性 (20分)	精美性 (10分)	总分
能力考查 （占70%）	云台故障的维护					
	后备电源的维护					
	内场设备的维护					
	系统的保养					
	平均分值					
项目总结		总得分				

备注

准确性：对知识点掌握的正确与否。
全面性：对于分项目的整体把握。
完整性：对于分项目的微观认识。
成功性：能够快速的解决故障。
熟练性：对于维护和保养的整体过程全部掌握无误。

项目一 云台常见故障的维修

前面的介绍中我们常提到云台,但有的人对它没有什么感性认识,其实云台就是由两个交流电机组成的安装平台,可以水平和垂直地运动。云台的内部结构如图 5-1 所示。这里所说的云台区别于照相器材中的云台,照相器材的云台一般来说只是一个三脚架,只能通过手来调节方位;而监控系统所说的云台是通过控制系统在远端可以控制其转动方向的。

云台可能出现的故障为:
(1)无法控制云台。
(2)无法控制解码器。
(3)部分功能无法实现。
(4)码转换器的信号指示灯不工作。

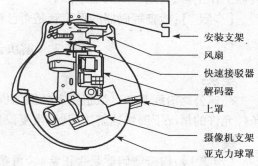

云台常见故障及排除方法如下:
(1)无法旋转:云台公共线未接好,解码器电压选择不正确;解码器协议选择不正确。
(2)旋转方向不正确:检查云台控制线和解码器连接是否正确;检查协议是否选择正确。

图 5-1 云台内部结构图

(3)旋转角度过大/过小:调节云台限位开关位置到合适的位置。

任务一 解码器无法控制问题的解决

要求:
若解码器中无继电器响声,应恢复云台的正常运转。
操作:
【步骤1】:检查解码器(如图 5-2 所示)是否供电。
【步骤2】:检查码转换器是否接到了 485 输出信号。
【步骤3】:检查解码器协议是否设置正确。

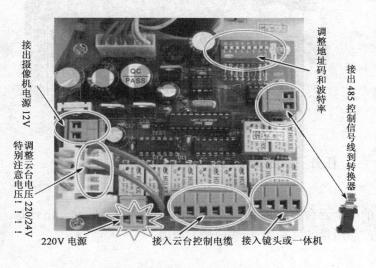

图 5-2 解码板内部结构示意图

【步骤4】：检查波特率设置是否与解码器相符（检查地址码设置与所选的摄像机是否一致，详细的地址码解码表见解码器说明书）。

【步骤5】：检查解码器与码转换器的接线是否接错（1-485A，2-B；有的解码器是1-485B，2-A）。

【步骤6】：检查解码器工作是否正常（老式解码器断电一分钟后通电，是否有自检声；软件控制云台时，解码器的 UP、DOWN、AUTO 等端口，与 PTCOM 口之间会有电压变化，变化情况根据解码器而定为24V或220V，有些解码器的这些端口会有开关量信号变化）。如果有则解码器工作正常，否则为解码器故障。

【步骤7】：检查解码器的保险管是否已烧坏。

任务二　解决云台无法控制的方法

要求：

高速公路沿线某个区域道路上的摄像机云台无法正常工作，在设备和条件允许的情况下要快速解决问题，恢复设备正常工作。

操作：

【步骤1】：检查解码器是否正常。（可参考任务一：无法控制解码器）

【步骤2】：解码器的24V或220V供电端口电压是否输出正常。

【步骤3】：直接给云台的 UP、DOWN，与 PTCOM 线进行供电，检查云台是否能正常工作。

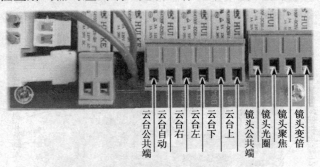

【步骤4】：检查供电接口是否接错。

【步骤5】：检查电路是否接错（老式解码器为 UP、DOWN 等线，与 PTCOM 直接给云台供电，各线与摄像机及云台各线直接连接即可；有的解码器为独立供电接口）。

【注意】：如出现转动无法停止情况，首先单独对该端口进行测试（直接向该端口通电，进行控制），如正常，则检查解码器对应的端口是否工作正常。端口结构如图5-3所示。

图5-3　解码板控制部分端口结构示意图

任务三　收费亭内云台运转不灵

要求：

收费亭内的一个云台在使用后不久就运转不灵或不能转动。出现这种情况时除去产品质量的因素外，应快速排除故障。

操作：

【步骤1】：检查摄像机所使用的云台。由于采用了吊装的方式，在这种情况下,吊装方式会导致云台运转负荷加大,故使用不久就导致云台的传动机构损坏,甚至烧毁电机。

【步骤2】:检查摄像机及其防护罩等总重量是否超过云台的承重。对于室外使用的云台,往往由于防护罩的重量过大,常会出现云台转不动(特别是垂直方向转不动)的问题。

【步骤3】:检查室外云台是否因环境温度过高、过低、防水、防冻措施不良而出现故障甚至损坏。

【步骤4】:检查是否由于距离过大,使操作键盘无法通过解码器(如图5-4所示)对摄像机(包括镜头)和云台进行遥控。如果距离过大,控制信号衰减太大,解码器接收到的控制信号会很弱,这时应该在一定的距离上加装中继盒以放大整形控制信号。

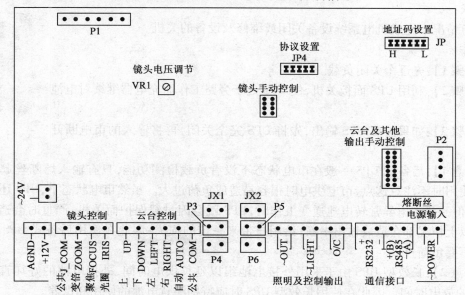

图5-4 通用解码板内部结构示意图

【注意】:云台水平方向的自动回扫功能并不是为24h接连不断运转而设计的。如果长时间运转会使云台电机运转过度。一般一天内云台水平方向自动回扫应超过12h。由于因水平方向连续自动回扫而造成的云台电机损坏,不在生产商的保质范围,因此应使用更多的摄像机替代水平自动回扫云台。这样一方面摄像机的成本要低些,另一方面其可靠性也得到增强。

带有水平垂直方向扫描预置功能的云台,若长时间让云台在各预置点之间往复旋转,自动扫描,同样会造成云台电机的损坏,这种损坏也不在生产商的保质范围内。

项目二 监控设备后备电源的使用

任务一 机电系统后备电源的加载

要求:
在监控中心或监控站启动监控设备前,启动电源保护。
操作:
【步骤1】:送市电给UPS,使其处于旁路工作。

【步骤2】：逐个打开负载,先打开冲击电流较大的负载。

【步骤3】：再开冲击电流较小的负载。

【步骤4】：利用UPS面板开机,使其处于逆变工作状态。

【注意】：开机时千万不能将所有负载同时开启,也不可带负载开机。由于一般负载在启动瞬间存在冲击电流,而UPS内部功率元件都有一定的安全工作区范围,尽管在选用器件时都留有一定的余量,但是过大的冲击电流还是会缩短元器件的使用寿命,甚至造成元器件损坏。因此,在使用时应尽量减小冲击电流带来的损害。

任务二　机电系统后备电源的关闭

要求：
紧急情况下完成机电系统设备关闭或维修及设备的关机。

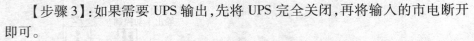

操作：

【步骤1】：先逐个关闭负载。

【步骤2】：利用UPS面板关机,使UPS处于旁路工作而充电器继续对电池组充电。

【步骤3】：如果需要UPS输出,先将UPS完全关闭,再将输入的市电断开即可。

【注意1】：后备式UPS一般在市电状态下没有负载检测功能,只有输入熔断丝起保护作用。如使用时不注意这点,市电供电时很容易造成负荷过大。虽然市电状态下,UPS还可能继续工作,但一旦市电异常转电池逆变工作时,UPS就会因过载保护而关机,严重时会造成UPS损坏。以上情况都会造成输出中断,给用户带来一定的损失,因此在使用后备式UPS时应特别注意不要负荷过大。

【注意2】：长效型UPS由于采用外接电池组以延长供电时间,外接电池的好坏直接影响到UPS的放电时间。因此在使用长效型UPS时应特别注意电池的使用和保养。

由于长效型UPS外置电池与UPS主机是分开的,其间由电池连线连接,一般正常使用时不会出现故障,但是当用户在装机或移机时,会需要进行重新连线,在连线时应注意以下几个问题：

(1)连接时电压极性要正确。

(2)先不要连接电池与主机之间的连线,等UPS市电输入产生充电电压后再连接。即UPS先上市电,再接电池(后备长效型以及C系列6kVAh以上机器则应该先接电池,否则无法开机)。

任务三　UPS电池的检查

要求：
在监控中心或监控站,UPS电池一般采用密闭式免维护电池,使用者应3~6个月做一次放电测试,并观察电池容量指示灯变化,以了解当时电池的状态,保护机电系统正常运行。

操作：

【步骤1】：目视检测电池外表是否有变形或膨胀漏液现象。

【步骤2】：检查电池+、-极是否氧化。

【步骤3】：量测电池端充电电压。(每一节电池的正常值为13.7~13.8V_{dc})。

【步骤4】：检查电池端子是否松动。

项目三　监控系统常见故障

任务一　监视器的画面异常的处理

要求：

视频传输中,当在监视器的画面上出现一条黑杠或白杠,并且或向上或向下慢慢滚动故障时应尽快排除,恢复系统正常运转。

操作：

【步骤1】：分清产生故障的两种不同原因,是电源的问题还是地环路的问题。

【步骤2】：在控制主机上,就近只接入一台电源没有问题的摄像机输出信号。

【步骤3】：如果在监视器上没有出现上述的干扰现象,则说明控制主机无问题。

【步骤4】：接下来可用一台便携式监视器就近接在前端摄像机的视频输出端,并逐个检查每台摄像机。

【步骤5】：如有类似情况出现,则进行处理。如无,则干扰是由地环路等其他原因造成的。

任务二　监控图像干扰问题的解决

要求：

当监视器上出现木纹状的干扰,使图像无法观看(甚至破坏同步)时,应尽快排除,恢复系统正常运转。

操作：

【步骤1】：排查数据线。

故障可能是视频传输线的质量不好,特别是屏蔽性能差(屏蔽网为质量不是很好的铜线网,或屏蔽网过稀而起不到屏蔽作用)引起的。另外,由于这类视频线的线电阻过大,造成信号产生较大衰减也是故障产生的原因。此外,这类视频线的特性阻抗不为75Ω以及参数超出规定也是产生故障的原因之一。由于产生上述的干扰现象不一定是视频线不良而造成的,因此这种故障原因在判断时要准确和慎重。只有当排除了其他可能后,才能从视频线不良的角度去考虑。如果是电缆质量问题,最好的办法当然是把所有的这种电缆全部换掉,使用符合要求的电缆,是彻底解决问题的最好办法。

【步骤2】：排查电源部分。

由于供电系统的电源不"洁净"而引起的。这里所指的电源不"洁净",是指在正常的电源(50周的正弦波)上叠加有干扰信号。而这种电源上的干扰信号,多来自本电网中使用可控硅的设备。特别是大电流、高电压的可控硅设备,对电网的干扰非常严重,就会导致同一电网中的电源不"洁净"。排除这类故障的方法比较简单,只要对整个系统采用净化电源或在线UPS供电就基本上可以了。

【步骤3】：检查系统附近是否有很强的干扰源。

具体方法可通过调查和了解加以判断。如果属于这种原因,解决的办法是加强摄像机的屏蔽,以及对视频电缆线的管道进行接地处理等。

任务三 监控主机端图像质量不好问题的解决

要求：

在系统运行过程中，当出现图像清晰度不高、细节部分丢失，或者彩色信号出现故障时应尽快排除，恢复系统正常运转。

操作：

【步骤1】：检查镜头是否有指纹或太脏。

【步骤2】：检查光圈有否调好（自动摄像机不存在这样的问题）。

【步骤3】：检查视频电缆是否接触不良（接头处应拧紧）。

【步骤4】：检查电子快门或白平衡设置有无问题。

【步骤5】：检查传输距离是否太远。如果太远可以加放大器或中继器。

【步骤6】：检查电压或后备电源 UPS 工作是否正常。

【步骤7】：检查主机附近是否存在干扰源。

【步骤8】：检查在角落管道处安装时是否与强电保证绝缘。

【步骤9】：检查 CS 接口是否接对。

任务四 监视器图像闪烁严重问题的解决

要求：

在系统运行过程中，当出现图像严重闪烁故障时应尽快排除，恢复系统正常运转。

操作：

【步骤1】：先检查视频线是否存在虚接的情况；检查 BNC 接头的连接情况。

【步骤2】：检查供电电源是否正常；供电电源自身电源是否稳定；电流大小是否达到摄像机要求；电源线是否有虚接或疑是短路情况。

【步骤3】：检查摄像头本身是否有问题，若有问题可更换摄像头试试。

【步骤4】：检查显示器或监视器是否存在问题。

【步骤5】：检查硬盘录像机是否有对应通道故障或矩阵对应通道故障。

任务五 监控主机端监视器无法看到摄像机的图像问题的解决

要求：

在系统运行过程中，当出现图像不显示故障时应尽快排除，恢复系统正常运转。

操作：

【步骤1】：检查监视器或显示器是否损坏。

【步骤2】：检查监视器到控制器或分支分配器之前线路及接头是否连接正常，是否有断路、短路故障。

【步骤3】：检查摄像头是否能正常供电，电源指示灯是否亮。如果电源指示灯亮，说明供电正常；如果指示灯不亮，检查电源是否工作正常（用万用表测试），正负极是否连接正确。

【步骤4】：检查摄像头到控制部分视频线路是否正常，用万用表测试。

【步骤5】：若电源、视频线均正常，检查摄像头是否正常，可以考虑更换摄像头；若摄像头更换后还是没有图像，则可能是控制部分出现问题，如硬盘录像机或矩阵环通道出现故障、视频分配器故障、硬盘录像机单通道出现故障。

任务六　电视墙上某一路无图像问题的解决

要求：

在系统运行过程中，若出现前段摄像机故障或摄像机无电源输入、传输设备或线路故障导致无图像，则应快速解决。

操作： 上述故障通常是摄像机或光端机的问题，可采用逐级排查法。检查顺序按先易后难，可提高故障排查率。

【步骤1】：先检查前段摄像机供电电源是否正常，确保摄像机有视频输出。

【步骤2】：检查视频分割器是否正常。

【步骤3】：检查中心级的光端机面板上的指示灯，用备件或其他光端机替换一下以确定是否为光端机损坏。

【步骤4】：用同样的方法检查站级的光端机是否损坏。

【步骤5】：用小监视器检查输入到站级的光端机是否损坏。

【步骤6】：用小监视器直接检查摄像机的输出信号是否正常。

任务七　带云台摄像机不能正常控制问题的解决

要求：

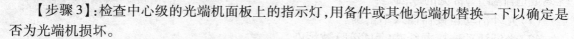

在系统运行过程中，当出现云台、镜头、译码器故障，光端及通信接口故障，控制矩阵通信端口配置错误，通信链路插接件松动故障时应尽快排除。

操作：

【步骤1】：检查设备通信线路接头是否有松动现象。

【步骤2】：检查前端设备云台、镜头本身是否工作正常；用控制键盘直接控制云台摄像机是否能正常控制。确保前端设备工作正常后，方可做下一步检查。

【步骤3】：检查光端及通信接口是否正常，控制线头有无松动。

【步骤4】：检查控制键盘连接控制主机的线是否接触良好。

【步骤5】：摇动控制键盘时，用万用表测控制线的电压有无变化以确定控制信号能否顺利传达给摄像机。

【步骤6】：检查控制主机上设定的协议与摄像机身上设定的一致与否。

任务八　车辆检测器无数据上传问题的解决

要求：

在系统运行过程中，当出现通信故障、设备故障、数据库故障时应尽快排除。

操作：

【步骤1】：检查从中心级检查工作站到传输设备 SDH 子速率板上的通信是否正常，用车检器测试程序发送数据看子速率板上相应指示灯是否正常闪烁,同时观察此时站级的子速率板上的指示灯是否正常闪烁,以此来判断监控计算机到站子速率板这一段的通信链路是否正常。

【步骤2】:在站级用笔记本电脑接上 VD 车检器上传到 DB9 接口,用测试程序观察通信是否正常。

【步骤3】:通过指示灯检查光端机或基带 MODEM 是否正常。

【步骤4】:检查各段接头 DB9 和 DB25 是否有断开。

【步骤5】:如有多串口服务器,检查其是否正常,在外场观察车过时车检器检测板上相应的通道指示灯是否点亮。

【步骤6】:检查通信正常情况下,数据库里的表有无按时得到更新。

任务九　监控使用光端机光路问题的解决

要求:

无图像、图像跳动、图像质量差等故障,大都出现在光路两端的尾纤、跳线或适配器上,常见的原因是:

(1)光纤活动连接器插入不正确。

(2)光纤活动连接器纤芯(陶瓷管)被污染。

以上故障应尽快排除,恢复系统正常运转。

操作:

【步骤1】:重新插入活动连接器或调换光纤跳线。

【步骤2】:用 99.9% 无水乙醇擦拭插头,插座纤芯。

【步骤3】:用万用表检查摄像机视频电缆,判断有无视频信号。

【注意】:经过以上几个步骤故障一般都可排除。如有条件,可用光纤测试仪(OTDR)或光功率计测试光路损耗。对于局域网,由于多采用多模光纤,因此此时必须弄清楚是哪一年生产的光纤,若是 2005 年之前的产品,则只能使用多模光端机,而且传输距离很有限,比如 4～8 路视频传输距离一般不超过 500～1 000 m;而若是近两年生产的多模光纤,都能工作在 1 300 nm 波段,用单模光端机也能在它上面传输,传输距离可达 3～4 km。要强调的是:目前数字化光端机的光模块,多模光纤又比单模光纤贵许多,因此,一般不选用多模光纤传输。

任务十　监控使用光端机数据接口问题的解决

要求:

在系统运行过程中,当出现通信不稳定甚至"卡死"现象时应尽快排除,恢复系统正常运转。

操作:

【步骤1】:用万用表交流 10 V 挡测控制器(矩阵、硬盘录像机等)RS-485 输出端口,看其有无控制信号输出。

【步骤2】:判断光端机 RS-485 接口是否正常,若 UA-B 电压为零则视为不正常。

【步骤3】:系统运行正常偶有失控是由于系统处于临界状态,需增加控制器的负载能力(如接入码扩展器)、改善系统阻抗匹配、改善材质。经过以上步骤后,系统就能长期稳定工作。常用的万用表如图 5-5 所示。

图 5-5 万用表
a)数字万用表;b)指针式万用表

(一)使用的注意事项

(1)对于指针式万用表,在使用万用表之前应先进行"机械调零",即在没有被测电量时,使万用表指针指在零电压或零电流的位置上。

(2)在使用万用表过程中,不能用手去接触表笔的金属部分,这样一方面可以保证测量的准确,另一方面也可以保证人身安全。

(3)在测量某一电量时,不能在测量的同时换挡,尤其是在测量高电压或大电流时,更应注意。否则,会使万用表毁坏。如需换挡,应先断开表笔,换挡后再去测量。

(4)万用表在使用时,必须水平放置,以免造成误差。同时,还要注意到避免外界磁场对万用表的影响。

(5)万用表使用完毕,应将转换开关置于交流电压的最大挡。如果长期不使用,还应将万用表内部的电池取出来,以免电池腐蚀表内其他器件。

(二)欧姆挡的使用

(1)选择合适的倍率。在欧姆表测量电阻时,应选适当的倍率,使指针指示在中值附近。最好不使用刻度左边三分之一的部分,这部分刻度密集很差。

(2)使用前要调零。

(3)不能带电测量。

(4)被测电阻不能有并联支路。

(5)测量晶体管、电解电容等有极性元件的等效电阻时,必须注意两支笔的极性。

(6)用万用表不同倍率的欧姆挡测量非线性元件的等效电阻时,测出电阻值是不相同的。这是由于各挡位的中值电阻和满度电流各不相同所造成的,机械表中,一般倍率越小,测出的阻值越小。

(三)用万用表测直流

(1)进行机械调零。

(2)选择合适的量程挡位。

(3)使用万用表电流挡测量电流时,应将万用表串联在被子测电路中,因为只有串联连接才能使流过电流表的电流与被测支路电流相同。测量时,应断开被测支路,将万用表红、黑表笔串接在被断开的两点之间。特别应注意电流表不能并联接在被子测电路中,这样做是很危险的,极易使万用表烧毁。

(4)注意被测电量极性。

(5) 正确使用刻度和读数。

(6) 当选取直流电流的 2.5A 挡时，万用表红表笔应插在 2.5A 测量插孔内，量程开关可以置于直流电流挡的任意量程上。

(7) 如果被子测的直流电流大于 2.5A，则可将 2.5A 挡扩展为 5A 挡。方法很简单，使用者可以在"2.5A"插孔和黑表笔插孔之间接入一支 0.24Ω 的电阻，这样该挡位就变成了 5A 电流挡了。接入的 0.24Ω 电阻应选取用 2W 以上的线绕电阻，如果功率太小会使之烧毁。

项目四　监控系统的保养

任务一　监控设备的维护

要求：全天工作的监控设备维护应在适当的时间进行系统维护。
操作：
【步骤1】：对每个摄像机供电源的插座要经常检查，防止插头脱落。
【步骤2】：确保对每个摄像机和监控中心的供电电压较恒定。
【步骤3】：对低矮位置的摄像机尽量设有明显标志，提醒非监控管理人员触碰。
【步骤4】：对监控中心的监控控制设备派专人专管，禁止非监控人员操作。
【步骤5】：对监控设备经常擦拭保养。

任务二　监控主机的保养

要求：主机通电前，需先检查，避免因接触不良而烧坏配件。
操作：

【步骤1】：晃动主机以检查内部是否有松脱的现象；从主机后面检查各插卡是否有歪斜而接触不良的现象；电压选择开关是否设置在 230 的位置，并与供电电压匹配。
【步骤2】：后面板很多接口是插针式的，连接前检查插针是否歪斜，避免损伤接口。
【步骤3】：接口匹配不好的，如音频和视频接头匹配较紧等，请先更换接头。
【步骤4】：主机为插卡结构，外接接头时不得硬推和硬拉，避免造成接触不良。
【步骤5】：按主机接口（图5-6）属性，将相关外设全部连接完毕，并检查接触是否良好。

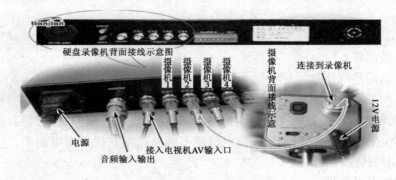

图 5-6　DVR 各接口示意图

任务三　硬盘录像机的维护

要求：

硬盘录像机 DVR 如果保养不当,即使在正常使用情况下,也可能出现故障。对于硬盘录像主机的保养,请按如下几步进行系统保养。

操作：

【步骤1】：指定专人操作主机,定时对系统及数据进行备份和维护,将故障可能造成的损失降到最低。

【步骤2】：按照正常程序关机,不要用断电方式完成关机。

【步骤3】：长期不间断运行主机时,每周关机几分钟,然后重新启动运行。

【步骤4】：为主机配备不间断电源设备(在线式 UPS),避免掉电或电压不稳造成系统破坏。

【步骤5】：硬盘录像主机为监控专用,不要作为普通计算机使用。

任务四　监控操作主机的维护

要求：

利用十字螺丝刀、镜头拭纸、吹气球、回形针及一架小型台扇等工具进行主机的日常维护。

操作：

【步骤1】：切断电源,将主机与外设之间的连线拔掉,用十字螺丝刀打开机箱,将电源盒拆下。若看到在板卡上有灰尘,则要用吹气球小细心地吹拭,特别是面板进风口的附件和电源盒(排风口)的附近,以及板卡的插接部位,应用台扇吹风,以便将被吹气球吹起来的灰尘盒机箱内壁上的灰尘带走。

【步骤2】：将电源拆下,电脑的排风主要靠电源风扇,因此电源盒里的灰尘最多,要用吹气球仔细清扫干净后装上。另外,还需注意电风扇的叶片有没有变形,特别是经过夏季的高温,塑料的老化常常会使噪声变大。机箱内其他风扇也可以用这个方法作清理。经常清除风扇上的灰尘可以最大限度地延长风扇寿命。

【步骤3】：将回形针展开,插入光驱前面板上的应急 bomb 出孔,稍稍用力,使光驱托盘打开。用镜头拭纸将所及之处轻轻擦拭干净,注意不要探到光驱里面去,也不要使用影碟机上的"清洁盘"进行清洁。

【步骤4】：用吹气球清除插槽中的灰尘。

【步骤5】：如果要拆卸板卡,再次安装时要注意位置是否准确,插槽是否插牢,连线是否正确等。

【步骤6】：用镜头拭纸将显示器擦拭干净。

【步骤7】：将鼠标的后盖拆开,取出小球,用清水洗干净,晾干。(光电鼠标可以免去这个步骤,但是由于光电鼠标的底部 4 个护垫很容易粘上桌面上的灰尘和油渍,而影响它的顺滑性,所以可以使用硬塑料,将附着在护垫上的污渍剥掉,使鼠标重新恢复好的手感,延长鼠标护垫使用寿命。)

【步骤8】：用吹气球将键盘键位之间的灰尘清理干净。

【步骤9】：重新给 CPU 涂抹硅脂。虽然硅脂使用的是沸点较高的油脂作为介质,但是,难免在使用中挥发,油脂挥发,会影响到它与散热片之间的衔接与导热,所以,一般 5 个月左右,重新涂抹一次硅脂,才能让硅脂的导热能力保持在最好的状态。

任务五　DLP 大屏幕的保养

要求:

硬盘录像机 DVR 如果保养不当,即使在正常使用情况下,也可能出现故障。对于硬盘录像主机,应按如下几步进行系统保养。

操作:

【步骤1】:大屏投影机的工作电源为 AC220V,由于电源电压大的波动,特别是电源的瞬间断电,频繁地加电关断会对投影机的高压点灯板和灯泡产生致命的伤害。因此对电源的稳定性应特别关注,特别防止断电后立即加电。

【步骤2】:大屏的每个投影机都有一个电源开关,投影机关机后不能马上开机,必须等 10min 后才能开机;为了防止开机大电流对电源的冲击,投影机必须逐个地开机,且每个投影机的开机时间要隔一段时间。

【步骤3】:投影机频繁地开机关机对高压点灯电路板和灯泡寿命有影响,应尽量减少大屏的开机关机次数。

【步骤4】:大屏的屏幕、反射镜镜面、投影机的镜头很容易落灰,要尽量保持机房的干净。

【步骤5】:大屏工作时,投影机会产生较大的热量,主要是灯泡。机房空调应不间断保持正常工作。

【步骤6】:禁止用手摸大屏的屏幕,表面的灰可用新的柔软毛巾轻轻的擦拭,但尽量少擦。反射镜镜面禁止擦拭,以防正面镀膜被擦掉。投影机的镜头的灰可用擦镜纸轻轻的擦拭,也尽量少擦。

【步骤7】:大屏较多发生故障的是灯泡。查看灯泡时要关掉投影机的电源,打开后盖板,拧松投影机罩壳上的两个螺钉,取下罩壳,拔下灯泡上的插头,握住灯泡后部,前推,旋转,取下灯泡;灯泡若已损坏则灯泡内有炸碎的碎片。换灯泡与卸灯泡相似,要前推、旋转使灯泡卡牢,插上灯泡上的插头,盖上投影机罩壳和后盖。装好后要等上 10min 或更长一些时间才能开机。

【步骤8】:投影机开机后如果出现不显示图像的情况,可能是投影机的信号输入选择改变,可通过大屏操作软件对这块屏设置选择信号输入端口。

任务六　硬盘录像机 SATA 硬盘的更换

要求:

使用 SATA 硬盘的硬盘录像机长时间连续工作后,出现故障则应尽快更换。

操作:

【步骤1】:首先安装硬盘数据线(图 5-7、图 5-8)和电源线。SATA 硬盘与传统硬盘在接口上有很大差异,SATA 硬盘采用 7 针细线缆而不是大家常见的 40/80 针扁平硬盘线作为传输数据的通道。细线缆由于很细,因此弯曲起来非常容易(但是对于 SATA 数据线,最好不要弯曲成 90°,否则会影响数据传输)。

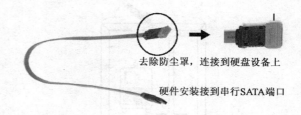

去除防尘罩,连接到硬盘设备上

硬件安装接到串行SATA端口

图5-7　SATA硬盘数据线(服务端)　　　　图5-8　SATA硬盘数据线(工作站端)

【步骤2】:用细线缆将SATA硬盘连接到接口卡或主板上的SATA接口(图5-9)上。由于SATA采用了点对点的连接方式,每个SATA接口只能连接一块硬盘,因此不必像并行硬盘那样设置跳线了,系统自动会将SATA硬盘设定为主盘。

图5-9　SATA硬盘数据接口

【步骤3】:SATA硬盘在使用上完全兼容传统的并行硬盘,因此在驱动程序的安装使用上一般不会有什么问题。如果使用的操作系统是Windows 9x/ME,那么只需进入BIOS,在里面的SATA选项下简单地设置一下就可以了。不过SATA硬盘在安装Windows XP时可能会出现一些问题。由于Windows XP无法辨认出连接在接口卡上的SATA硬盘,所以用户必须手工安装SATA硬盘的驱动程序。如果要重装新的操作系统,在安装过程中,当Windows XP寻找SCSI设备时按下F6键,然后插入随SATA接口卡附送的驱动软盘,这样就可以正常进入系统。

任务七　硬盘录像机IDE硬盘的更换

要求:
使用IDE硬盘的硬盘录像机长时间连接工作后,出现故障则应尽快速更换。

操作:
【步骤1】:卸下外部机盖。外部机盖包括电脑的顶盖、左侧和右侧面板。必须打开外部机盖,才能对内部组件进行操作。使用十字螺丝刀,卸下背板外侧边缘的3个螺钉,如图5-10所示。

【步骤2】:将外部机盖向后滑,然后向上提起,如图5-11所示。

【步骤3】:从电脑打开的一侧找到与硬盘相连的两根线缆,即数据线和电源线,如图5-12所示。记住数据线上彩色条带的方向。

【步骤4】:拔下电源线和排线,并拧下连接硬盘盒与电脑的两个螺钉,如图5-13所示。

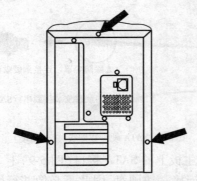
图 5-10　主机机箱背面示意图

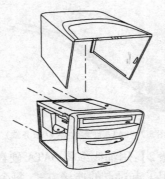
图 5-11　开启主机机箱示意图

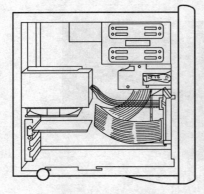
图 5-12　主机内部侧面示意图

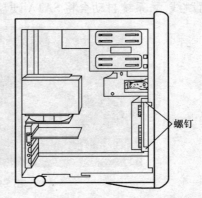
图 5-13　硬盘固定位置示意图

【步骤5】：从电脑中取出硬盘和硬盘盒。注意硬盘盒在电脑中的安装位置。卸下连接硬盘和硬盘盒的4个螺钉，把硬盘盒放在一旁；把新硬盘放进硬盘盒，对准硬盘螺钉孔和硬盘盒螺钉孔；用刚才卸下来的4个螺钉将硬盘和硬盘盒拧紧，并用2个螺钉把硬盘盒固定到电脑上。重新连接数据线和电源线。确保每根连接线都正确对准并牢固固定。

【步骤6】：站在电脑后方，放下机箱顶部的机盖，使机盖和机箱前端留出约25mm（1英寸）的缝隙；将机盖滑到机箱前端，使其推入到位，固定背板上的3个螺钉。重新连接所有连接线并开启电脑，如图5-14所示。

【注意】：要检查是否已正确装回机盖时，先要向外拉机盖的底边。如果面板的底边已经固定，说明机盖已正确安装；如果底边拉出，则说明机盖上的突出部位未卡入机箱的凹槽中。最后向后推外侧机盖，再次安装。

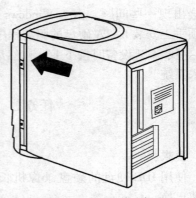
图 5-14　主机机盖示意图

附　录

资料一　DLP大屏幕保养知识

为了保证投影机的正常工作,定时的检查和保养是必不可少的。由于投影机是一种精密电子产品,它集机械、光学、液晶、电子电路技术于一体,因此在使用中要注意以下几个方面。

1. 光学系统

为保证光学镜头的正常工作,应注意保证使用环境的防尘和通风散热,目前使用的投影机分辨率已达1024×768或800×600,也就是说每个像素只有0.02mm,灰尘颗粒能够被它挡住。而由于投影机DLP板充分散热一般都有专门的风扇以每分钟几十升空气的流量对其进行送风冷却,高速气流经过滤尘网后还有可能夹带微小尘粒,它们相互摩擦产生静电而吸附于散热系统中,从而对投影画面产生影响。因此,在投影机使用环境中防尘非常重要,一定要严禁吸烟,因为烟尘微粒更容易吸附在光学系统中。因此要经常或定期清洗进风口处的滤尘网。

2. 灯源部分

目前,大部分投影机采用UHP灯泡,投影机在运行过程中,有大量的热量产生,因此,在开机状态下严禁振动,搬移投影机,防止灯泡炸裂;停止使用后不能马上断开电源,要让机器散热完成后自动停机。在机器散热状态断电造成的损坏是投影机最常见的返修原因之一。另外,减少开关机次数对灯泡寿命有益。

3. 电路部分

严禁带电插拔电缆,信号源与投影机电源最好同时接地。这是由于当投影机与信号源(如PC机)连接的是不同电源时,两零线之间可能存在较高的电位差。当用户带电插拔信号线或其他电路时,会在插头插座之间发生打火现象,损坏信号输入电路,从而会造成严重后果。投影机在使用时,有些用户要求信号源和投影机之间有较大距离,如高速监控系统,这时相应信号电缆必须延长。这样会造成输入投影机的信号发生衰减,投影出的画面会发生模糊拖尾甚至抖动的现象。这都不是投影机发生故障,也不会损坏机器。排除这类故障的最好方法是在信号源后加装一个信号放大器,这样可以保证信号传输达20多米。

4. 机械部分

(1)机器的移动要十分注意轻拿轻放,运输注意包装防振,严防强烈的冲撞、挤压和振动。因为强震能造成分色轮的偏移,影响放映时颜色的会聚,出现RGB颜色不重合的现象;而光学系统中的透镜、反射镜也会产生变形或损坏,影响图像投影效果,同时变焦镜头在冲击下会使轨道损坏,造成镜头卡死,甚至镜头破裂无法使用。

(2)切勿使用有机溶剂或挥发性溶剂,否则引起设备上的保护屏剥落或老化。

(3)机器工作时,不要有物体挡住通风风扇。

(4)不要轻易拆卸整机后盖,因机箱中有高压,小心触电。

(5) 不可有任何金属或易燃物从任何(通风孔等)插入或掉入设备中,否则会导致火灾或触电事故。

(6) 不可自行维修和打开机体,内部电缆零件更换尽量使用原配件。

(7) 如果橡胶或塑胶制品附着在投影单元上一段时间后,投影设备会留下污点,从而影响画面的色泽。

(8) 每当系统关机切断电源后,要小心地用干净的软布轻轻擦拭显示屏幕,因为显示屏幕表面很容易被划伤,所以不可用坚硬的劣质的东西擦拭显示屏幕表面,更不可乱用化学清洁剂。

5. 电源部分

(1) 使用后,先使投影机冷却。

(2) 电源开关的开/关动作时间务必大于30s,否则灯泡可能无法点亮。

(3) 使用投影机时,如发现异常情况,先拔掉电源。

(4) 注意电源电压的标称值,机器的地线和电源极性。

(5) 在切断电源拔出插头时,不可拉拔电源线,确定抓住插头后才可拔出切断电源。如果拉拔电源线,可能损坏电源线,并引发火灾或发生触电事故。

(6) 不可用湿手去插拔电源,否则会导致触电事故。

(7) 如果有灰尘和污垢沉积在电源插头的簧片上,要擦干净插头上的污物,否则会由于电源插头的绝缘能力降低而引发火灾。

(8) 在切断电源并拔出插头后才能进行维修,否则可能会有触电危险。

(9) 如果设备是放置很长时间了再用,请先清理里面的灰尘,否则可能会引起火灾或触电事故。

(10) 当设备长期放置不用时,为确保安全,务必切断电源拔出插头。

(11) 如果使用遥控来切断电源时,设备仍处在待机状态,请注意防火防电。

6. 使用环境

(1) 投影机使用时要远离水或潮湿的地方,否则可能触电或引发火灾,而且可能使显示屏幕碎裂。

(2) 投影机使用需远离热源(如发热器等),如果设备内的温度升高,可能会导致火灾的发生。

(3) 不可将设备裸置在露天受风或雨侵袭,否则显示屏幕有可能会被风吹落而发生意外,雨水会引发火灾或触电事故发生。

(4) 不可将设备裸置在油烟、蒸汽、灰尘多环境中,否则可能引发火灾或触电事故。

(5) 不可在室外使用设备,设备完全按照室内使用来设计,室外使用会导致火灾或触电事故的发生。

资料二 认识监控主服务器

Dell PowerEdge 2950 和 2850 服务器面板如附图 1 所示。

图中:上面是 2950 服务器,下面是 2850 服务器。2950 服务器上使用的是 2.5 英寸的 SAS 硬盘,2850 服务器能够放 6 个硬盘仓(附图 2、附图 3),而 2950 服务器则可放 8 个硬盘仓,而且在 DVD 和软驱下方(附图 4)还有很大的空间,可以用来放磁带存储设备,使单机的存储空

附图 1　Dell PowerEdge 2950、2850 服务器

间和容量大大提升。另外，SAS 最大的优点是数据传输的速率非常高，使得存储系统的性能大幅度提升。

附图 2　硬盘位

附图 3　硬盘位内部

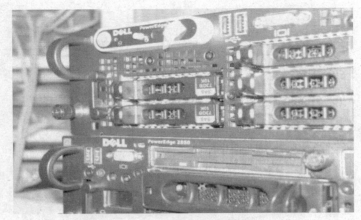

附图 4　服务器 DVD 和软驱位置

服务器上有 3 块 10000r/min 转速的 73GB 的 2.5 英寸小硬盘，是热插拔的配置。2950 服务器的内部结构如附图 5 所示，为了散热和空气的流通布置了强劲的风扇。

附图 5　服务器内部结构

两个 CPU 在风扇后的风道还涵盖对内存条的散热（附图 6）。

附图 6　服务器内部插槽

2950服务器和2850服务器后面板的散热孔,如附图7、附图8所示。

附图7　服务器背面1

附图8　服务器背面2

附图8左下角的带扳手图标的接口,是Dell的DRAC 5远程访问卡的接口,大多数安装操作都要用到它。

资料三　服务器硬盘接口

目前服务器上采用的硬盘接口主要为SATA和SCSI,当然还包括高端的光纤硬盘,使用SAS硬盘的产品目前也已经上市,但前两种是最常见的。下面分别就SATA、SCSI、SAS等接口技术作简单介绍。

1. SATA

SATA(Serial Advanced Technology Attachment)是串行ATA的缩写,目前常见到的有SATA-1和SATA-2两种标准(附图9),对应的传输速度分别是150Mb/s和300Mb/s。SATA主要用于已经取代PATA接口技术。就速度这点上,SATA在传输方式上比PATA先进。而从数据传输角度来看,SATA比PATA抗干扰能力更强。

SATA-1目前已经得到广泛应用,其最大数据传输率为150Mb/s,信号线最长1m。SATA

一般采用点对点的连接方式,即一端连接主板上的 SATA 接口,另一端直接连硬盘,其他设备不可以共享这条数据线,但并行 ATA 则允许(每条数据线可以连接 1~2 个设备),因此也就无需像并行 ATA 硬盘那样设置主盘和从盘。

附图 9　SATA 接口

另外,SATA 所具备的热插拔功能是 PATA 所不能比的,利用这一功能可以更加方便地组建磁盘阵列。串口的数据线由于只采用了四针结构,因此相比较起并口安装起来更加便捷,更有利于减少机箱内的线缆数,有利散热。

SCSI(Small Computer System Interface)(附图 10)是一种专门为小型计算机系统设计的存储单元接口模式,可以对计算机中的多个设备进行动态分工操作,对于系统同时要求的多个任务可以灵活机动的适当分配,动态完成。

SCSI 发展到今天,已经是第六代技术了,从初创建的 SCSI(8bit)、Wide SCSI(8bit)、Ultra Wide SCSI(8bit/16bit)、Ultra2 Wide SCSI(16bit)、Ultra-160 SCSI(16bit)到目前的 Ultra-320 SCSI,速度从 1.2Mb/s 发展到 320Mb/s,有了质的飞跃。目前的主流 SCSI 硬盘都采用了 Ultra320SCSI接口,能提供 320Mb/s 的接口传输速度。

SCSI 硬盘(附图 11)也有专门支持热拔插技术的 SCA2 接口(80-pin),与 SCSI 背板配合使用,就可以轻松实现硬盘的热拔插。目前在工作组和部门级服务器中,热插拔功能几乎是必需的。

2. SAS

SAS 是 Serial Attached SCSI 的缩写,即串行连接 SCSI。2001 年 11 月 26 日,Compaq、IBM、LSI 逻辑、Maxtor 和 Seagate 联合宣布成立 SAS 工作组,其目标是定义一个新的串行点对点的企业级存储设备接口。

SAS 技术引入了 SAS 扩展器,使 SAS 系统可以连接更多的设备,其中每个扩展器允许连接多个端口,每个端口可以连接 SAS 设备、主机或其他 SAS 扩展器。为保护用户投资,SAS 规范也兼容了 SATA,这使得 SAS 的背板可以兼容 SAS 和 SATA 两类硬盘,对用户来说,使用不同类型的硬盘时不需要再重新投资。

目前,SAS 接口速率为 3Gb/s,其 SAS 扩展器多为 12 端口。不久,将会有 6Gb/s 甚至 12Gb/s 的高速接口出现,并且会有 28 或 36 端口的 SAS 扩展器出现以适应不同的应用需求。

a)

b)

附图10 SCSI接口

附图11 SCSI硬盘接口

由于 SCSI 具有 CPU 占用率低,多任务并发操作效率高,连接设备多,连接距离长等优点,对于大多数的服务器应用,建议采用 SCSI 硬盘,并采用最新的 Ultra 320 SCSI 控制器;SATA 硬盘也具备热插拔能力,并且可以在接口上具备很好的可伸缩性,如在机架式服务器中使用 SCSI-SA-TA、FC-SATA 转换接口,以及 SATA 端口位增器(Port Multiplier),使其具有比 SCSI 更好的灵活性。对于低端的小型服务器应用,可以采用最新的 SATA 硬盘和控制器。

资料四　认识 PC 式 DVR 常用的 7 种接口类型

计算机外设功能的扩展,直接导致了计算机外部接口的发展,外部接口,不仅涉及传输匹配、不同设备、不同速度,同时,对于极大扩展计算机的日常应用功能,也有着很重要的意义。计算机采用的模块化结构设计决定了其接口众多的特点。

1. COM 接口

目前大多数主板都提供两个 COM 接口(如附图 12 所示),分别为 COM1 和 COM2,作用是连接串行鼠标和外置调制解调器等设备。COM1 口的 I/O 地址是 03F8h~03FFh,中断号是 IRQ4;COM2 口的 I/O 地址是 02F8h~02FFh,中断号是 IRQ3。可见 COM2 接口比 COM1 接口的响应具有优先权。早期的 PC 基本都采用 COM 接口的鼠标,但随着 PS/2 和 USB 接口的盛行,COM 接口的作用受到了前所未有的挑战。

附图 12　一般主板都提供两个 COM 接口

2. PS/2 接口

PS/2 接口(如附图 13 所示)的功能比较单一,仅能用于连接键盘和鼠标,一般情况下,鼠标的接口为绿色,键盘的接口为紫色。PS/2 接口的传输速率比 COM 接口稍快一些,曾经是应用最为广泛的接口之一。同样,它也面临着 USB 接口的挑战。

3. LPT 接口

LPT 接口一般用来连接打印机或扫描仪。其默认的中断号是 IRQ7,采用 25 脚的 DB-25 接头(如附图 14 所示)。并口的工作模式主要有三种:

附图 13　主板 PS 接口,上为鼠标接口,下为键盘接口

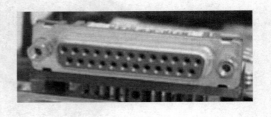

附图 14　打印机接口只有一个

（1）SPP 标准工作模式：SPP 模式是半双工单向传输，传输速率较慢，仅为15kb/s，但应用较为广泛，一般设为默认的工作模式。

（2）EPP 增强型工作模式：EPP 模式采用双向半双工数据传输，其传输速度比 SPP 高很多，可达 2Mb/s，目前已有不少外设采用此工作模式。

（3）ECP 扩充型工作模式：ECP 模式采用双向全双工数据传输，传输速率比 EPP 还要高一些，但支持的设备不是很多。如果此接口损坏，要么换用 USB 类设备，要么就得换主板了。好在现在大多数主板虽都有此接口，但真正用此接口的设备却是越来越少了。

4. USB 接口

USB 接口（如附图 15 所示）是现在最为流行的接口，最多可以支持 127 个外设，并且可以独立供电，应用非常的广泛。USB 接口可以从主板上获得 500mA 的电流，支持热拔插，真正做到了即插即用。一个 USB 接口可同时支持高速和低速 USB 外设的访问，由一条四芯电缆连接，其中两条是正负电源，两条是数据传输线。高速外设的传输速率为 12Mb/s，低速外设的传输速率为 1.5Mb/s。USB 2.0 标准最高传输速率可达 480Mb/s。

5. IEEE 1394 接口

1394 接口（如附图 16 所示）传输速率最高可达到 400Mb/s，适合连接高速的设备，如数码相机等。当设备间采用树形或菊花链连接时，可同时支持 63 个外设工作，一般的 1394 接口通过一条 6 芯的电缆与外设连接，也有的用 4 芯电缆。6 芯电缆和 4 芯电缆的区别在于：6 芯电缆是随机提供电源，而 4 芯电缆不提供电源。该接口也是未来的一个发展方向，目前已有部分设备加入了对它的支持，但价格较为昂贵，购买价值不是很高。性价比不好，是此类技术不能流行的最大原因。

附图15　主板通常都集成两个 USB 接口

附图16　1394 接口

6. MIDI 接口

声卡的 MIDI 接口（如附图 17 所示）和游戏杆接口是共用的。接口中的两个针脚用来传送 MIDI 信号，可连接各种 MIDI 设备，如电子键盘等。对于绝大多数声卡，在连接 MIDI 设备时

附图17　MIDI 接口也可用于连接游戏手柄

需要向声卡的制造商另外购买一条 MIDI 转接线,包括两个圆形的 5 针 MIDI 接口和一个游戏杆接口,由于它们的信号是分离的,所以游戏杆和 MIDI 设备可以同时使用。

7. SCSI 接口

SCSI 接口(如附图 18 所示)的速度、性能和稳定性都非常出色,但价格也要贵一些,主要面向服务器和工作站市场。SCSI 是一种连接主机和外围设备的接口,支持包括硬盘、光驱、扫描仪等在内的多种设备。SCSI 控制器相当于一块小型 CPU,有自己的命令集和缓存,能够处理大部分工作,从而减轻中央处理器的负担(降低 CPU 占用率)。现在大多数服务器设备广泛采用此接口,以解决硬盘的读写瓶颈问题。

附图 18　SCSI 卡上提供的两个 SCSI 接口

资料五　图解硬盘录像机双硬盘安装

随着录像资料存的越来越多,一个硬盘往往不堪重负,因此常需要扩充一个硬盘,以增加存储容量。在正式安装双硬盘之前,必须确定机箱电源能否满足新增硬盘的需求。一般机箱中的电源输出功率都在 200W 以上,因此最好将电源增加至 230W 或更大的电源,以防增加设备后的电源功率不足;另外,还必须确定机箱内尚有空闲的硬盘线插头。目前大多数主板都提供了两个 EIDE 接口,可连接两根双插头的 40 芯硬盘线(数据线),连接 4 块 IDE 兼容设备。按一般的配置,两根电缆可接 4 块诸如硬盘、光驱等 IDE 设备。

硬盘录像机双硬盘安装步骤如下:

第一步,通过跳线设置先确定两块硬盘的主、从位置。

硬盘正面或反面大多都印有主盘(Master)、从盘(Slave)以及由电缆选择(Cable select)的跳线方法。硬盘的跳线器通常为 9 针 4 组,其中一根叫"Key",用于定位以便正确识别跳线位置。附图 19 所示位置为从盘。硬盘上不但印制了跳线说明而且还标明电源线和硬盘线的正确连接方法,将其设置为主盘。如果不看跳线,通常连接硬盘线中段插头的盘是主盘,而连接在硬盘线尽头插头上的盘就是从盘(如附图 20 所示)。了解了这一点,如果需要交换硬盘主、从状态,只要将连接的硬盘线插头位置对调一下即可,而不需要拆下硬盘来重新跳线。

附图 19　取出跳线

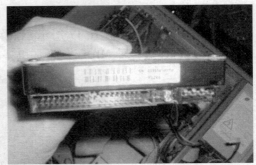
附图 20　更换跳线

第二步，用十字螺丝刀打开机箱，在空闲插槽中安装上已经设置好主、从盘跳线的硬盘，并将硬盘用螺丝钉固定牢固（如附图21所示）。

两块硬盘的连接方法则可以按确定好的主、从盘来分别连接电源线和硬盘线。电源线和硬盘线的正确连接方法如附图22所示。

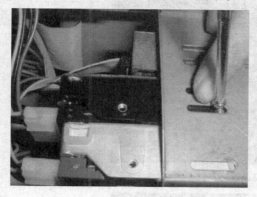

附图21　固定硬盘　　　　　　　　　　附图22　电源线、硬盘线的连接

如果新加装的硬盘与原先使用的硬盘型号或接口标准相同，可以将两块硬盘连接在同一根硬盘线上。但由于电脑中是将硬盘和光驱分别接在第一（Primary）硬盘线和第二（Secondary）硬盘线上（此法主要是不想让光驱的慢速影响快速的硬盘），因此安装中，把原来的硬盘作为从盘与光驱使用的是同一条硬盘线。数据线全部连接完毕后，就可将两块硬盘接通电源。

第三步，安装并连接好硬盘的信号线和电源线后，就可以给电脑加电并进入CMOS进行必要的设置了（如附图23所示）。

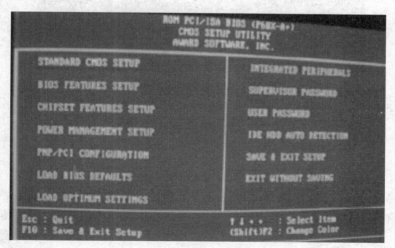

附图23　CMOS界面

增加硬盘的修改只要对CMOS菜单中的"STANDARD CMOS SETUP"和"INTEGRATED PERIPHERALS"两项中部分内容进行设置就可以了。在"STANDARD CMOS SETUP"设置中将要使用的接口都设置成"ATUO"即可（如附图24所示）。重新开机，当电脑检测到某一端口接有硬盘时就会自动对其进行正确的设置，然后将硬盘接口类型和参数显示在屏幕上。当CMOS中的必要设置完成后，退到主菜单并选择"SAVE&EXIT SETUP"退出CMOS（如附图25所示）并重新启动系统即可。

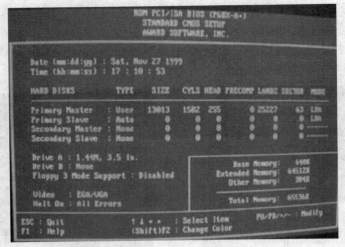

附图24　接口设置

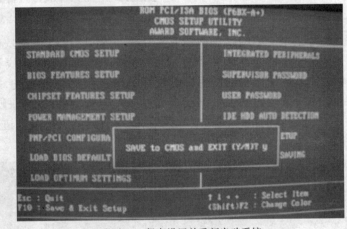

附图25　保存设置并重新启动系统

资料六　信号接口

1. S 端子

S 端子(S-Video)(附图26、附图27)是应用最普遍的视频接口之一,是一种视频信号专用输出接口。常见的S端子是一个5芯接口,其中两路传输视频亮度信号,两路传输色度信号,

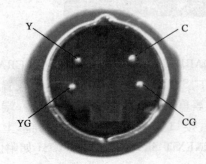

附图26　标准S端子

附图27　标准S端子连接线

一路为公共屏蔽地线。由于 S 端子省去了图像信号 Y 与色度信号 C 的综合、编码、合成以及电视机机内的输入切换、矩阵解码等步骤,可有效防止亮度、色度信号复合输出的相互串扰,提高图像的清晰度。一般 DVD 或 VCD、TV、PC 都具备 S 端子输出功能,投影机可通过专用的 S 端子线(附图28)与这些设备的相应端子连接进行视频输入,如附图29所示。

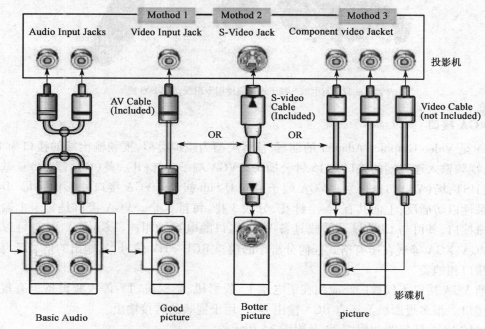

附图28　音频复合视频 S 端子色差常规连接示意图

附图29　显卡上配置的9针增强 S 端子,可转接色差

几种常见 S 端子连接方式如附图30～附图32所示。

附图30　S 端子转接线欧洲插转色差

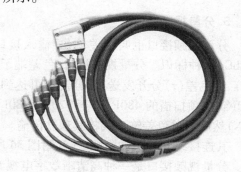

附图31　S 端子和 AV

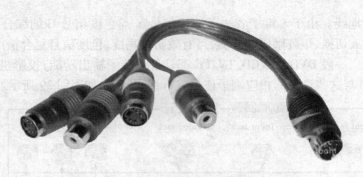

附图 32　与电脑 S 端子连接需使用专用线,如 VIVO 线

2. VGA 接口

VGA 是 Video Graphics Adapter 的缩写,信号类型为模拟类型,视频输出端的接口为 15 针母插座,视频输入连线端的接口为 15 针公插头。VGA 端子含红(R)、黄(G)、篮(B)三基色信号和行(HS)、场(VS)扫描信号。VGA 端子也叫 D-Sub 接口。VGA 接口外形像字母"D",其具备防呆性以防插反,上面共有 15 个针孔,分成 3 排,每排 5 个。VGA 接口是显卡上输出信号的主流接口,其可与 CRT 显示器或具备 VGA 接口的电视机相连,VGA 接口本身可以传输 VGA、SVGA、XGA 等现在所有格式任何分辨率的模拟 RGB + HV 信号,其输出的信号已可和任何高清接口相媲美。

目前 VGA 接口不仅被广泛应用在了电脑上,投影机、影碟机、TV 等视频设备也有很多都标配此接口。很多投影机上还有 BGA 输出接口,用于视频的转接输出。

常见的 VGA 转接线如附图 33 及附图 34 所示。

附图 33　DVI 转 VGA 转接头　　　　　　附图 34　VGA 转 DVI 连接线

3. 分量视频接口

分量视频接口也叫色差输出/输入接口,又叫 3RCA。分量视频接口通常采用 YPbPr 和 YCbCr 两种标识。分量视频接口/色差端子是在 S 端子的基础上,把色度(C)信号里的蓝色差(b)、红色差(r)分开发送,其分辨率可达到 600 线以上,可以输入多种等级信号,从最基本的 480i 到倍频扫描的 480P,甚至 720P、1080i 等。如显卡上 YPbPr 接口采用 9 针 S 端子(mini-DIN)然后通过色差输出线将其独立传输。

其连接线和接头如附图 35 和附图 36 所示。

分量视频接口是一种高清晰数字电视专业接口(逐行色差 YPbPr),可连接高清晰数字信号机顶盒、卫星接收机、影碟机及各种高清晰显示器/电视设备。目前可以在投影机或高档影碟机等家电上看到有 YUV YCbCr Y/B-Y/B-Y 等标记的接口标识，虽然其标记方法和接头外形各异但都是色差端口。

附图35　3RCA 连接线

附图36　标准的 3RCA 接头

附图 37 为 VGA 转 3RCA 转接头。

Y.Pb.Pr 是逐行输入/输出，Y.Cb.Cr 是隔行输入/输出。分量视频接口与 S 端子相比，要多传输 PB、PR 两种信号，避免了两路色差混合解码并再次分离的过程，避免了因繁琐的传输过程所带来的图像失真，保障了色彩还原的更准确，保证了信号间互不产生干扰，所以其传输效果优于 S 端子。

具有这个接口的投影机可以和提供这类输出的电脑、影碟机和 DV 等设备相连，并可连接数字电视机顶盒收看高画质的数字电视节目。

附图37　3RCA 转接头

4. BNC 接口

区别于普通 15 针 D-SUB 标准接头的特殊显示器接口，或称 RGB 端子、5RCA（Red/Green/Blue/H-sync/V-sync）为了方便使用，日本一些厂商将 RGBHV 接口的接线柱做成常用的 RCA 接头，而不是 RGBHV 常用的 BNC 螺旋锁自锁紧形式。由 RGB 三原色信号及行同步、场同步 5 个独立信号接头组成。

常见的标准的 BNC 接头及连线如附图 38、附图 39 所示。

附图38　标准的 BNC 接头

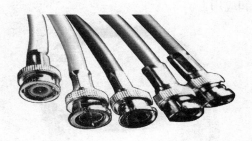

附图39　标准的 BNC 接头与连线

BNC 电缆有 5 个连接头用于接收红、绿、蓝、水平同步和垂直同步信号。BNC 接头可以隔绝视频输入信号，使信号相互间干扰减少且信号频宽较普通 D-SUB 大，可达到最佳信号响应效果。可将数字信号传送至 150/300m 以上，模拟可传送 300m 以上。通常用于工作站和同轴电缆连接的连接器，标准专业视频设备输入、输出等领域，投影机上也很常见。

常见的 BNC 转接线如附图 40 和附图 41 所示。

附图 40　VGA 转 BNC

标准的 5RCA 接头如附图 42 所示。VGA 转 5RCA 连接线（附图 43）可用于投影机没有标配 VGA/DVI 接口（标配 HDMI）的场合。

附图 41　DVI 转 BNC

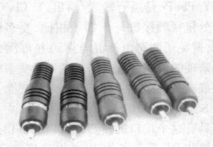

附图 42　5RCA 接头

5. 标准视频输入接口（RCA）

RCA 是莲花插座的英文简称，RCA 输入输出是最常见的音视频输入和输出接口，也被称 AV 接口（复合视频接口），如附图 44 所示。通常都是成对使用的，把视频和音频信号"分开发送"，避免了因为音/视频混合干扰而导致的图像质量下降。但由于 AV 接口传输的仍是一种亮度/色度（Y/C）混合的视频信号，仍需显示设备对其进行亮/色分离和色度解码才能成像，这种先混合再分离的过程必然会造成色彩信号的损失，所以其目前主要被用在入门级音视频设备和应用上。

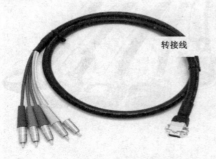

附图 43　VGA 转 5RCA 连接线

附图 44　RCA 接头

常用的 RCA 转接线及接头如附图 45 和附图 46 所示。

如附图 47 所示,白色的是音频接口和黄色的视频接口,使用时只需要将带莲花头的标准 AV 线缆与其他输出设备(如放像机、影碟机)上的相应接口连接起来即可。

附图 45　音频转 RCA 连接线

附图 46　RCA 转接延长接头

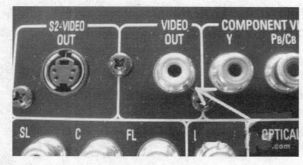

附图 47　插入示意图

6. DVI 接口

DVI 全称为 Digital Visual Interface。目前的 DVI 接口有两种,一种是 DVI-D(纯数字)接口(如附图 48 所示)。DVI-D 接口只能接收数字信号,接口上只有 3 排 8 列共 24 个针脚,其中右上角的一个针脚为空,不兼容模拟信号。另一种为 DVI-I 接口(如附图 49 所示)。DVI-I 接口可通过转接头兼容 VGA 信号)接口,可同时兼容模拟(其可以通过一个 DVI-I 转 VGA 转接头(附图 50)实现模拟信号的输出)和数字信号,目前多数显卡、液晶显示器、投影机皆采用这种接口。

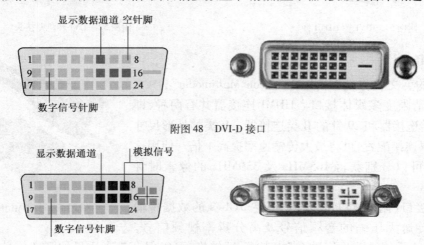

附图 48　DVI-D 接口

附图 49　DVI-I 接口

附图50　DVI 转 VGA

两种 DVI 接口的显卡接口相互之间不能直接连接使用。如果播放设备采用的是 DVI-D 接口，而投影机是 DVI-I 接口，那么还需要另配一个 DVI-D 转 DVI-I 的转接头或转接线才能正常连接。DVI 传输的是数字信号，数字图像信息不需经过任何转换，就被直接传送到显示设备上，因此减少了数字→模拟→数字繁琐的转换过程，大大节省了时间，因此它的速度更快，有效消除拖影现象，而且使用 DVI 进行数据传输，信号没有衰减，色彩更纯净，更逼真，更能满足高清信号传输的需求。DVI-D 接口，只能接收数字信号，接口上的 24 个针脚，其中右上角的一个针脚为空。不兼容模拟信号。

DVI-I 接口，可同时兼容模拟和数字信号，但兼容模拟并不意味着模拟信号的接口 D-Sub 接口可以连接在 DVI-I 接口上，而是必须通过一个转换接头才能使用，一般采用这种接口的显卡都会带有相关的转换接头。

常见的 DVI 转接线及接头如附图51 和附图52 所示。

附图51　DVI 转 HDMI 线　　　　　　　　　附图52　DVI 转色差接头

7. HDMI

HDMI 的英文全称是"High Definition Multimedia"，中文的意思是高清晰度多媒体接口。HDMI 连接器共有两种，即 19 针的 A 类连接器和 29 针的 B 类连接器。B 类的外形尺寸稍大，支持双连接配置，可将最大传输速率提高 1 倍。使用这两类连接器可以分别获得 165MHz 及 330MHz 的像素时钟频率。

HDMI 接口（附图53）可以提供高达 5Gb/s 的数据传输带宽，可以传送无压缩的音频信号及高分辨率视频信号。同时无需在信号传送前进行数/模或者模/数转换，可以保证最高质量的影音信号传送。

附图53　HDMI 接头

HDMI 在针脚上和 DVI 兼容,只是采用了不同的封装。与 DVI 相比,HDMI 可以传输数字音频信号,并增加了对 HDCP 的支持,同时提供了更好的 DDC 可选功能。HDMI 支持 5Gb/s 的数据传输率,最远可传输 15m,足以应付一个 1080P 的视频和一个 8 声道的音频信号。而因为一个 1080P 的视频和一个 8 声道的音频信号需求少于 4Gb/s,因此 HDMI 还有余量。

HDMI 接头可以用一个电缆分别连接 DVD 播放器、接收器和 PRR。此外,它支持 EDID 和 DDC2B,因此具有 HDMI 的设备具有"即插即用"的特点,信号源和显示设备之间会自动进行"协商",自动选择最合适的视频/音频格式。

应用 HDMI 的好处是只需要一条 HDMI 线,便可以同时传送影音信号,而不需要多条线来连接;同时,由于无线进行数/模或者模/数转换,能取得更高的音频和视频传输质量。对消费者而言,HDMI 技术不仅能提供清晰的画质,而且由于音频/视频采用同一电缆,大大简化了家庭影院系统的安装。

随着电视的分辨率逐步提升,高清电视越来越普及,HDMI 接口主要就是用于传输高质量、无损耗的数字音视频信号到高清电视,最高带宽达到 5Gb/s。美国 FCC 规定 2005 年 7 月 1 日起,所有数字电视周边产品都必须内建 HDMI 或 DVI。

常见的 HDMI 转接头和转接线如附图 54 和附图 55 所示。

附图 54　HDMI 转 DVI-D 接头

附图 55　HDMI 转 DVI-D 连接线

8. 其他接口

1) RS232C

RS232C(串口)(附图 56)是一种通信接口,可以用于仪器的二次开发。RS232C 端口被用于将计算机信号输入控制投影机。

2) RJ45 接口

RJ45 是网络设备的标准接口,如附图 57 所示。它使用由国际性的接插件标准定义的 8 个位置(4 或 8 针)的模块化插孔或者插头。投影机通过该接口可以和各种电脑设备进行互联或资源共享。

3) 音频输入接口

音频输入接口又叫 AV 接口或 2RCA 接口,利用这种接口可将计算机、录像机、影碟机等的音频信号输入,用自带扬声器播放。RCA 音频端子(附图 58)一般成对地用不同颜色标注:右声道用红色(或者用字母"R"表示"右");左声道用黑色或白色。中置和环绕声道连接线会用其他的颜色标注来方便接线时区分,但整个系统中所有的 RCA 接头在电气性能上都是一样的。一般来讲,RCA 立体声音频线都是左右声道为一组,每声道外观上是一根线。

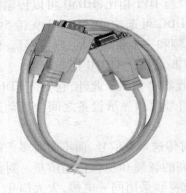
附图56　RS232C（串口）

附图57　RJ45 插头

4）USB 接口

USB 是英文 Universal Serial Bus 的缩写，翻译成中文是"通用串行总线"，也称通用串联接口。USB 延长线如附图59 所示。

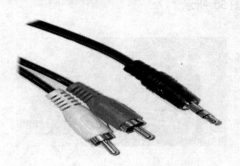
附图58　2RCA 插头

附图59　USB 延长线

资料七　公路收费及监控员国家职业标准

1. 职业概况

1.1　职业名称

公路收费及监控员。

1.2　职业定义

从事公路通行费收取及稽查、公路监控及设备操作维护、公路交通量统计及分析的人员。

1.3　职业等级

本职业共设四个等级，分别为：初级（国家职业资格五级）、中级（国家职业资格四级）、高级（国家职业资格三级）、技师（国家职业资格二级）。其中公路收费员和交通量调查员只设初、中、高三个等级。

1.4　职业环境

室内、室外，随季节、地区变化接触低温和高温，工作环境接触粉尘、噪声及汽车尾气。

1.5 职业能力特征

具有一定的学习和计算能力;具有较好的表达能力、形体知觉和色觉;手指、手臂灵活,动作协调。

1.6 基本文化程度

高中毕业(或同等学历)。

1.7 培训要求

1.7.1 培训期限

全日制职业学校教育,根据其培养目标和教学计划确定。晋级培训期限:初级不少于160标准学时;中级不少于120标准学时;高级不少于100标准学时;技师不少于80标准学时。

1.7.2 培训教师

培训初、中、高级人员的教师应具有本职业技师职业资格证书或相关专业中级及以上专业技术职务任职资格;培训技师的教师应具有本职业技师职业资格证书两年以上或相关专业高级专业技术职务任职资格。

1.7.3 培训场地设备

满足教学需要的标准教室和具有相应监控、收费、交通情况调查等设备的场地。

1.8 鉴定要求

1.8.1 适用对象

从事或准备从事本职业的人员。

1.8.2 申报条件

——初级(具备以下条件之一者)

(1)经本职业初级正规培训达规定标准学时数,并取得结业证书。

(2)在本职业连续见习工作2年以上。

——中级(具备以下条件之一者)

(1)取得本职业初级职业资格证书后,连续从事本职业工作2年以上,经本职业中级正规培训达规定标准学时数,并取得结业证书。

(2)取得本职业初级职业资格证书后,连续从事本职业工作3年以上。

(3)连续从事本职业工作5年以上。

(4)经有关部门审核认定的、以技能为培养目标的中等以上职业学校本职业(专业)及相关专业在校生或毕业生。

——高级(具备以下条件之一者)

(1)取得本职业中级职业资格证书后,连续从事本职业工作4年以上,经本职业高级正规培训达规定标准学时数,并取得结业证书。

(2)取得本职业中级职业资格证书后,连续从事本职业工作6年以上。

(3)取得本职业中级职业资格证书的大专以上本专业或相关专业毕业生,连续从事本职业工作2年以上。

——技师(具备以下条件之一者)

(1)取得本职业高级职业资格证书后,连续从事本职业工作5年以上,经本职业技师正规培训达规定标准学时数,并取得毕结业证书。

(2)取得本职业高级职业资格证书后,连续从事本职业工作7年以上。

(3)取得本职业高级职业资格证书的高级技工学校本职业(专业)毕业生和大专以上本职业(专业)或相关专业的毕业生,连续从事本职业工作2年以上。

1.8.3 鉴定方式

分为理论知识考试和进能操作考核。理论知识考试采用闭卷笔试方式;技能操作考试考核采用现场实际操作、模拟操作等方式。理论知识考试和技能操作考核均实行百分制,成绩皆达到60分以上者为合格。技师还须进行综合评审。

1.8.4 考评人员与考生配比

理论知识考试考评人员与考生配比为1:15,每个标准教师不少于2名考评人员;技能操作考试考评员与考生配比为1:5,且不少于3名考评员;综合评审委员不少于5人。

1.8.5 鉴定时间

理论知识考试时间为90分钟;技能操作考核时间:初级不少于60分钟,中级不少于70分钟,高级不少于80分钟,技师不少于80分钟;综合评审时间不少于20分钟。

1.8.6 鉴定场所设备

理论知识考试在标准教室进行;技能操作考核在具有必要的监控、收费、交通情况调查等设备的场所进行。

2. 基 本 要 求

2.1 职业道德与文明服务

2.1.1 职业道德基本知识

2.1.2 职业守则

遵纪守法,照章办事;

服从领导,听从指挥;

坚守岗位,尽职尽责;

钻研业务,高技能;

公平公正,清正廉洁;

着装整齐,文明礼貌。

2.1.3 文明服务

基本知识;

文明服务准则;

行风廉政建设;

半军事化管理要求。

2.2 基础知识

2.2.1 计算机知识

(1)计算机硬件基本知识;

(2)计算机操作基本知识;

(3)计算机网络基本知识。

2.2.2 车辆分类分型知识

2.2.3 交通工程一般知识
（1）交通管理与控制；
（2）交通安全。

2.2.4 电工、电子、机械知识
（1）线缆、电路、光纤基本知识；
（2）常用电子仪器、电工测量仪使用知识；
（3）监控、监测仪器设备构造识图知识。

2.2.5 收费知识
（1）真假货币的识别；
（2）IC卡的基本知识；
（3）票据、账卡管理知识；
（4）收费设备使用知识；
（5）收费政策；
（6）收费突发事件应急处置预案。

2.2.6 安全生产知识

2.2.7 交通量调查相关知识
（1）《公路工程技术标准》公路分级的标准、交通量调查车型划分与车辆折算系数、交通工程及沿线设施中管理设施配置；
（2）《公路养护技术规范》技术管理中交通情况调查的相关知识；
（3）《公路交通情况调查固定试交通流量调查设备技术条件》；
（4）《公路交通情况调查调查设备技术管理规定》；
（5）《公路交通情况调查统计报表制度》。

2.2.8 相关法律、法规知识
（1）《中华人民共和国劳动法》的相关知识；
（2）《中华人民共和国公路法》的相关知识；
（3）《中华人民共和国道路交通安全法》相关知识；
（4）《中华人民共和国收费公路管理条例》的相关知识。

3. 工 作 要 求

本标准对初级、中级、高级、技师的技能要求依次递增，高级别涵盖低级别的要求。

3.1 初级

初级收费及监控员技能要求见附表1。

初级收费及监控员技能要求　　附表1

职业功能	工作内容	技能要求	相关知识
一、公路收费	（一）领取票卡	1. 能领用、核对票卡数量 2. 能发现坏卡、废票 3. 能识别、清点备用金 4. 能填写票卡领用记录	1. 收费员上岗规定 2. 通行券（卡）基本知识 3. 票卡数量计算方法 4. 票卡使用规定 5. 收费管理规定

续上表

职业功能	工作内容	技能要求	相关知识
一、公路收费	(二)发放通行卡	1. 能登录收费(发卡)系统 2. 能判定车型类别,判别应收、应免车辆 3. 能操作收费终端输入车辆信息(刷卡)或发放通行券 4. 能控制发卡差错率在万分之五以下 5. 能讲普通话 6. 能在规定时间内发放通行卡并填写发卡记录及表格	1. 车型及类别基本知识 2. 免费车辆管理规定 3. 计算机信息录入知识 4. 普通话发音标准 5. 收费卡记录表格填写规定
	(三)收缴通行费	1. 能输入车辆信息(刷卡) 2. 能操作计算机收费 3. 能唱收唱付 4. 能辨别假币 5. 能控制收费差错率在万分之五以下 6. 能在20s内完成单车收费 7. 能上报闯关等非正常情况 8. 能填写当班收费记录	1. IC卡读写方法 2. 计算机收费系统操作知识 3. 识别假钞方法 4. 收费标准 5. 文明用语 6. 非正常情况处理预案 7. 收费记录填写规定
	(四)结交票款	1. 能在30s内清点100张现钞 2. 能核对清点票卡 3. 能填写票款结算单	1. 现金票卡清点规定 2. 交款单、收入日报表、收费台账填写规定 3. 票款结算程序及安全规定 4. 长款、短款管理规定
	(五)维护保养设备	1. 能清洁计算机屏幕和键盘 2. 能更换票卷等易耗品 3. 能清洁维护打印机、读卡器、费额显示器等设备 4. 能清洁维护保养收费车道、收费站设备 5. 能使用消防器材 6. 能查杀计算机病毒	1. 计算机屏幕及键盘清洁方法 2. 票卷更换方法 3. 打印机、读卡器、费额显示器等设备清洁保养知识 4. 电话、对讲机、信号灯、报警器、自动栏杆机等设备维护常识 5. 用电安全基本知识 6. 消防器材使用方法
二、公路监控	(一)监控收费	1. 能操作计算机进行文字处理 2. 能操作录像设备 3. 能辨别收费设备是否正常工作 4. 能辨别车型 5. 能填写监控记录 6. 能判别收费员作业的正误 7. 能进行一般特殊情况处理	1. 公路监控操作人员职责 2. 计算机基础知识 3. 监控设备的名称和用途 4. 车辆分类标准
	(二)监控道路通行状况	1. 能适时调整监控范围 2. 能接听和记录救援电话 3. 能发现交通事故、偶然事件等异常情况,及时向上级汇报	1. 交通安全基本知识 2. 堵塞车道、抢劫、聚众闹事、火灾等重大紧急事件处理规定 3. 特殊车道使用有关规定

续上表

职业功能	工作内容	技 能 要 求	相 关 知 识
二、公路监控	(三)采集与发布信息	1. 能检测交通量参数 2. 能检测气象信息 3. 能采集正常道路(隧道)养护信息 4. 能进行文字输入 5. 能发布文字信息公告	1. 交通量(流)知识 2. 道路养护知识 3. 计算机文字输入知识 4. 操作计算机发送信息的知识 5. 信息发布程序
	(四)维护保养设备	1. 能进行监控设备内部清洁和滤网及散热系统除尘 2. 能进行设备常规检查,确保设备正常进行 3. 能查杀计算机病毒 4. 能更换保险管 5. 能检查不间断电源(UPS)系统运行状态,并能进行日常维护	1. 电工基础知识 2. 清洁用品用具的功能和使用常识 3. 常用软件的安装、升级、补丁、查杀病毒的知识 4. 设备日常维护常识和操作规程 5. 计算机硬件系统相关知识
三、交通量调查	(一)采集数据	1. 能识辨公路交通量调查中的车辆分类和分型 2. 能使用交通量数据采集仪采集常规交通情况调查原始数据 3. 能填写交通情况调查的原始数据采集统计表	1. 公路交通情况调查常用名词术语 2. 公路交通量调查、车速调查和四类公路交通量比重调查方法 3. 交通量调查车辆分类、分型及折算系数 4. 调查地点的公路路况资料 5. 常用调查仪器的使用方法 6. 现场操作安全常识
	(二)整理数据	1. 能整理及计算原始记录资料 2. 能归档和上报交通量资料 3. 能在相关人员指导下整理及分析历年路段平均交通量	1. 原理数据采集、整理方法 2. 路段平均交通量的计算方法
	(三)维护保养设备	1. 能清洁保养常用调查仪器设备 2. 能修理机械式交通量数据采集仪	常用调查仪器的保养常识

3.2 中级

中级收费及监控员技能要求见附表2。

中级收费及监控员技能要求　　　　　　附表2

职业功能	工作内容	技 能 要 求	相 关 知 识
一、公路收费	(一)发放通行卡	1. 能控制发卡差错率在万分之三以下 2. 能处理发卡中遇到的停电、死机、读写卡机故障等非正常情况	1. 发卡设备性能 2. 车道收费设备使用维护知识
	(二)收缴通行费	1. 能纠正入口车辆的判型错误 2. 能控制收费差错率在万分之三以下 3. 能在15s内完成单车收费 4. 能回答驾驶员询问所在地区路网情况 5. 能使用便携式收费设备	1. 所在地区路网情况 2. 便携式收费设备使用方法
	(三)结交票款	1. 能在25s内清点100张现钞 2. 能拆分联网区域内不同路段的收费额	1. 联网收费基本知识 2. 联网收费额拆分方法
	(四)维护保养设备	1. 能鉴别收费设备异常状态,及时报修 2. 能更换键盘、显示器、票据打印机等常用设备	1. 车道收费设备正确使用与维护基本知识 2. 打印机、读卡器、显示器等设备的连接方法

续上表

职业功能	工作内容	技 能 要 求	相 关 知 识
二、公路监控	（一）监控收费	1. 能操作计算机进行数据处理 2. 能操作视频切换矩阵 3. 能浏览、检索违规车辆抓拍图像	1. 监控系统管理的各项规章制度 2. 收费作业规程 3. 视频切换技术 4. 视频图片检索知识
	（二）监控道路通行状况	1. 能根据天气情况和通行情况提出交通控制建议 2. 能操作图形监控软件 3. 能调用和查阅车辆检测器检测的交通状况数据 4. 能调用和查阅道路环境数据 5. 能进行特殊情况告警处理	1. 图形监控软件使用知识 2. 车辆检测器使用知识 3. 气象和环境检测器使用知识 4. 可变情报板和限速等信息标志的使用知识
	（三）采集与发布信息	1. 能编写信息公告 2. 能编辑图文信息 3. 能发布图文信息公告	1. 公告写作知识 2. 文字处理软件应用知识 3. 图像处理软件应用知识
	（四）维护保养设备	1. 会制作视频接头，能处理视频系统简单故障并能更换故障设备 2. 能完成收费、监控软件运行状态检查 3. 能完成服务器系统的日常维护	1. 视频监控系统设备构成和设备性能特点 2. 视频监控系统设备安装方法 3. 收费、监控系统软件的构成及正常运行状态 4. 服务器系统的性能特点
三、交通量调查	（一）采集数据	1. 能操作交通情况调查设备采集数据 2. 能校核交通量调查设备的精度 3. 能将原始数据录入交通量数据处理系统	1. 常规交通情况调查、数据采集的基础知识 2. 计算机文档、表格制作和打印操作等知识 3. 计算机数据库管理及安全使用知识
	（二）整理数据	1. 能使计算机进行数据汇总 2. 能计算常规交通情况调查技术指标 3. 能绘制常规交通量情况的图表 4. 能分析观测站级的交通量情况	1. 常规交通情况调查资料整理、汇总的知识 2. 常规交通情况调查的各项技术指标计算方法 3. 常规交通情况调查的图表绘制基本知识
	（三）维护保养设备	1. 能对交通情况调查仪器进行维护保养 2. 能排查交通量调查设备的常见故障 3. 能升级计算机系统和查杀病毒	1. 公路交通情况调查设备仪器一般工作原理 2. 常用调查仪器的维护保养知识 3. 计算机安全使用与防护知识

3.3 高级

高级收费及监控员技能要求见附表3。

高级收费及监控员技能要求　　　　　　　　　附表3

职业功能	工作内容	技 能 要 求	相 关 知 识
一、公路收费	(一)发放通行卡	1.能控制发卡差错率在万分之一以下 2.能指导初、中级人员使用通行卡	1.通行卡结构和工作原理 2.电子标签使用方法
	(二)收缴通行费	1.能在10s内完成单车收费 2.能指导初、中级人员收费 3.能处理坏卡、无卡等特殊情况的收费 4.能安装连接便携式收费设备 5.能控制收费差错率在万分之一以下 6.能分析预测收费变化情况	1.收费业务综合知识 2.便携式收费设备连接方法 3.特殊情况处理预案 4.交通量统计分析知识
	(三)结交票款	1.能在20s内清点100张现钞 2.能指导初、中级人员结交票款 3.能校核联网收费区域内不同路段的收费额拆分结果 4.能统计票卡的发放、回收结果	1.联网收费相关知识 2.票卡发放、回收统计方法
	(四)维护与保养设备	1.能检查维护平台软件 2.能检查维护车道工控机 3.能维护打印机、读卡器、费额显示器等设备 4.能维护ETC收费设备	1.平台软件使用知识 2.车道工控机工作原理 3.打印机、读卡器、费额显示器等设备维护保养知识 4.ETC收费设备工作原理
	(五)收费稽查	1.能受理、调查、收费工作中的投诉、举报问题,查处违纪行为 2.能按规定治理倒卡、闯关等逃漏费行为 3.能监督、监控收费数据 4.能审验收费录像 5.能撰写稽查报告	1.稽查人员守则 2.稽查岗位职责 3.稽查工作程序 4.稽查处罚有关规定 5.稽查工作相关记录、表格、报告填写及编制办法
二、公路监控	(一)监控收费	1.能统计收费及交通量数据 2.能进行数据备份 3.能纠正收费员的操作错误	1.统计基本知识 2.计算机数据存储方法 3.收费业务知识
	(二)监控道路通行状况	1.能分析交通流参数,判断道路通行状况 2.能根据气象状况编写发布路况信息 3.能对交通事故等异常情况做出快速响应,及时采取相应措施	1.交通流量特性 2.气象基本知识 3.交通事件分析
	(三)采集与发布信息	1.能审查信息公告内容 2.能设计图文信息版面	1.信息公告编写规范 2.图文信息版面设计与制作软件使用方法

续上表

职业功能	工作内容	技能要求	相关知识
二、公路监控	(四)诊断与排除设备故障	1.能检查外场设备的防雷接地情况 2.能对外场设备进行防锈防水处理 3.能诊断与排除通信接口和各终端的一般故障 4.能手动调控解码器,调节摄像机镜头 5.能连接光端设备	1.高速公路通信系统技术基本知识 2.系统电(光)缆的路径、设备的连接、通信方式及规程 3.收费站级监控设备故障诊断与排除知识 4.应急电话、摄像头、传感器、自动衡器等设备的设置原理 5.仪器设备接地防雷常识 6.光端设备使用方法
三、交通量调查	(一)采集数据	1.能组织实施常规交通情况调查 2.能在指导下开展非常规交通情况调查 3.能根据调查目的确定交通量观测站(点)的设置位置 4.能开展与常规交通情况调查相关的公路路况和社会情况调查 5.能在现场调查出现非正常情况时采取应变措施	1.交通情况调查班组管理知识 2.交通量观测站(点)设置的相关要求 3.与常规交通情况调查相关的公路路况调查和社会情况调查的基本内容及方法 4.交通量调查非正常情况处置预案
	(二)整理数据	1.能编制各类统计报表并通过计算机网络传输数据资料 2.能编制交通情况调查资料汇编 3.能综合分析历年的交通量资料 4.能管理交通情况调查资料档案	1.计算机交通情况调查数据处理软件应用知识 2.资料汇编的相关要求 3.计算机因特网应用基本知识 4.交通情况调查资料的档案管理知识
	(三)维护保养设备	1.能在指导下安装调试交通情况调查仪器 2.能维护交通情况调查仪器 3.能检查和完善交通情况调查仪器的安全防护设施	1.交通情况调查仪器的工作环境要求 2.交通情况调查仪器的安全防护要求

3.4 技师级别(公路监控)

技师级别技能要求见附表4。

技师级别技能要求　　　　　　　　　　　　　附表4

职业功能	工作内容	技能要求	相关知识
一、检测与排除设备故障	(一)检测设备	1.能测试监控软件系统运行情况 2.能测试收费软件系统运行情况 3.能测试所有监控、收费设备与主服务器的信号传输情况,判断故障类型	1.监控软件系统测试方法 2.收费软件系统测试方法 3.服务器线路测试方法
	(二)排除故障	1.能排除车辆检测器及监控软件系统的故障 2.能排除气象检测器及监控软件的故障 3.能排除摄像机及监控软件的故障 4.能排除可变信息标志、可变情报板及监控软件的故障	1.车辆检测器及监控软件常见故障的排除方法 2.气象检测器及监控软件常见故障的排除方法 3.摄像机及监控软件的常见故障排除方法 4.可变情报板、可变限速标志、监控软件等常见故障排除方法

续上表

职业功能	工作内容	技　能　要　求	相　关　知　识
二、统计分析数据	（一）统计分析收费数据	1. 能使用数据库软件统计收费数据资料 2. 能按规定整理分析收费数据资料，制作有关报表	1. 数据库管理软件应用知识 2. 使用应用软件调取、统计分析数据方法
	（二）统计分析交通量数据	1. 能从收费数据库中采集交通量信息 2. 能计算年、月、日平均交通量 3. 能绘制交通量分析曲线	1. 车辆折算办法 2. 交通量计算办法 3. 数理统计基本知识
三、培训指导与技术应用研究	（一）培训与指导	1. 能在专业技术人员指导下制定专项培训方案 2. 能讲解监控业务知识 3. 能指导初、中、高级监控员业务操作	1. 培训方案的内容及规格要求 2. 公路监控业务知识
	（二）技术应用研究	1. 能撰写科研报告 2. 能参与技术应用研究 3. 能使用行业新技术产品	1. 论文撰写知识 2. 技术应用研究工作知识 3. 行业新技术和新成果信息

4. 考核比重表

4.1 理论知识

理论知识考核比重见附表5。

理论知识考核比重表　　　　　　　　附表5

项　　目		初级(%)	中级(%)	高级(%)	技师(%)
基本要求	职业道德	5	5	5	5
	基本知识	35	20	10	15
相关知识	公路收费	20	30	20	—
	公路监控	20	25	30	—
	交通量调查	20	20	25	—
	诊断（检测）与排除设备故障	—	—	—	30
	统计分析数据	—	—	—	20
	培训与指导	—	—	10	20
	技术应用研究	—	—	10	10
合计		100	100	100	100

4.2 技能操作

技能操作考核比重见附表6。

技能操作考核比重表　　　　　　　　　　　　　　附表6

项　目		初级(%)	中级(%)	高级(%)	技师(%)
技能要求	公路收费	35	45	25	—
	公路监控	45	45	25	—
	交通量调查	20	10	20	—
	诊断(检测)与排除设备故障	—	—	20	20
	统计分析数据	—	—	10	30
	培训与指导	—	—	—	20
	技术应用研究				30
合计		100	100	100	100

参 考 文 献

［1］ 周以德.公路收费及监控员.北京:人民交通出版社,2008.
［2］ 段国钦.高速公路机电系统运行与维护手册.北京:人民交通出版社,2006.
［3］ 张智勇,朱立伟.高速公路机电系统新技术及应用.北京:人民交通出版社,2008.
［4］ 杨志伟,罗宇飞.高速公路机电系统管理.北京:机械工业出版社,2004.
［5］ 湖南省高速公路管理局.湖南高速公路机电新规划［S］.
［6］ GXGS-GL-ZF10.收费站安全和环境管理制度［S］.
［7］ 赵祥模,靳引利,张洋.高速公路监控系统理论及应用.北京:电子工业出版社,2003.
［8］ 陈启美,金凌,王从侠.高速公路通信收费监控系统构成与进展.北京:国防工业出版社,2006.

参考文献

[1] 傅献彩.物理化学(上册第五版).北京:高等教育出版社,2008
[2] 黄佩丽.物质结构基础知识与学习指南.北京:人民交通出版社,2006.
[3] 李奇,陈光巨.材料化学.北京:高等教育出版社;北京:人民交通出版社,2003
[4] 陆军.原子的结构和原子光谱.北京:科学出版社,2003.
[5] 国际纯粹与应用化学联合会.无机化学命名法.1990(中文版)
[6] CNGS-CI XNO(无机化学命名法).清华大学出版社
[7] 袁启华."无机化学"的课堂教学改革与实践.北京:化学工业出版社,2003
[8] 宋天佑,程鹏,王杭雁,徐家宁.无机化学(上册).北京:高等教育出版社,2004